A clínica gestáltica com adolescentes

Dados Internacionais de Catalogação na Publicação (CIP)
(Câmara Brasileira do Livro, SP, Brasil)

A clínica gestáltica com adolescentes : caminhos clínicos e institucionais / Rosana Zanella (org.). – São Paulo : Summus, 2013.

Vários autores.
ISBN 978-85-323-0894-8

1. Gestalt-terapia 2. Psicoterapia do adolescente I. Zanella, Rosana.

CDD-618.928917
13-02843 NLM-WS-350

Índices para catálogo sistemático:

1. Clínica gestáltica com adolescentes : psicoterapia 618.928917
2. Clínica gestáltica com adolescentes : psicoterapia WS-350

www.summus.com.br

A clínica gestáltica com adolescentes

Caminhos clínicos e institucionais

Rosana Zanella
(ORG.)

summus editorial

A CLÍNICA GESTÁLTICA COM ADOLESCENTES
Caminhos clínicos e institucionais

Editora executiva: **Soraia Bini Cury**
Editora assistente: **Salete Del Guerra**
Capa: **Alberto Mateus**
Imagem de capa: **iStockphotos**
Projeto gráfico e diagramação: **Crayon Editorial**

3ª reimpressão, 2022

Summus Editorial
Departamento editorial
Rua Itapicuru, 613 – 7º andar
05006-000 – São Paulo – SP
Fone: (11) 3872-3322
http://www.summus.com.br
e-mail:summus@summus.com.br

Atendimento ao consumidor
Summus Editorial
Fone: (11) 3865-9890

Vendas por atacado
Fone: (11) 3873-8638
e-mail: vendas@summus.com.br

Impresso no Brasil

SUMÁRIO

PREFÁCIO

LILIAN MEYER FRAZÃO

São conhecidas as dificuldades vividas por professores, familiares, educadores e profissionais da área de saúde ao lidar com a *adolescência*, essa difícil, importante e complexa fase do processo de desenvolvimento humano.

Ao organizar este livro, Rosana Zanella foi cuidadosa e criteriosa na escolha dos autores, de forma que cada um dos capítulos ampliasse os horizontes de compreensão desse processo e também trouxesse diferentes enfoques e possibilidades do trabalho com adolescentes.

São diversos autores, cada um deles com ampla e significativa vivência no trabalho com adolescentes, seja em instituições, seja na clínica, que, ao relatar suas diferentes experiências, nos trazem novas reflexões e possibilidades de intervenção.

Ana Maria Mirabella, em seu capítulo "Afetividade na adolescência", desenvolve uma reflexão sobre a afetividade como algo que nos afeta e a maneira como isso se dá. Descreve sua experiência como terapeuta de adolescentes e supervisora no Curso de Especialização em Gestalt-terapia no Instituto Sedes Sapientiae, em São Paulo.

Myrian Bove Fernandes, no capítulo "A consulta clínica a pais de adolescentes em Gestalt-terapia", tece importantes e elucidativas considerações sobre o estranhamento entre a família e o adolescente, o qual, nessa fase da vida, passa a ter novos comportamentos, evidenciando um processo de diferenciação dos pais.

Rosana Zanella e Maria Estela Zanini escrevem sobre a prática da psicoterapia com adolescentes, enriquecendo sua apresentação com exemplos clínicos de adolescentes de idades diversas e refletindo sobre as características do ambiente escolar e os comportamentos que nele têm lugar.

Lia Pinheiro escreve sobre uma modalidade de atendimento que vem sendo desenvolvida na Casa do Adolescente de São Paulo: o plantão psicológico, no qual são acolhidos jovens que buscam atendimento médico e psicológico naquela UBS.

Luiz Lilienthal aborda a questão da prática de orientação profissional e as dificuldades e conflitos com os quais nossos jovens deparam ao longo desse complexo processo de escolha. Aborda, também, algumas questões pertinentes ao desenvolvimento do trabalho de orientação profissional na Gestalt-terapia.

Sheila Antony, em seu capítulo "O adolescente com transtorno de conduta – A carência afetiva por trás da violência", tece importantes considerações sobre alguns dos problemas com os quais deparamos na atualidade – *bullying*, violência social e condutas antissociais – e sua relação com a afetividade familiar.

Rafael Renato dos Santos nos introduz a um interessante e criativo trabalho desenvolvido na Fundação Casa: por meio do debate sobre filmes e seus personagens, é criado um profícuo e rico espaço de diálogo com os adolescentes em conflito com a lei.

Trata-se de leitura abrangente e enriquecedora para Gestalt-terapeutas, psicólogos clínicos, professores, educadores e todos aqueles que trabalham com adolescentes, uma vez que traz novas e importantes compreensões da adolescência na atualidade, bem como amplia os horizontes de possibilidades de intervenção.

APRESENTAÇÃO

ROSANA ZANELLA

A ideia de organizar este livro começou em Brasília, por ocasião do lançamento do livro *A clínica gestáltica com crianças – Caminhos de crescimento*, organizado por Sheila Antony. Foi uma noite de encontros e de conversas sobre atendimento de crianças, e muitos amigos nos brindaram com sua presença. Naquele clima festivo, propus um novo desafio: escrever sobre a clínica gestáltica com adolescentes. Afinal, assim como acontece com a clínica com crianças, existem poucos escritos a esse respeito na abordagem gestáltica. Sheila, com muito entusiasmo, aceitou prontamente, e comecei a convidar colegas que pudessem colaborar escrevendo sobre sua prática clínica e/ou educacional. Foram vários convites e muitas conversas durante meses. Por fim, toparam esse desafio: Ana Maria Mirabella, Lia Pinheiro, Luiz Lilienthal, Maria Estela Benedetti Zanini, Myrian Bove Fernandes e Rafael Renato dos Santos. Nosso livro começava a tomar forma.

Escrever sobre um dos períodos mais ricos do desenvolvimento nos remete a uma época na qual a vida nos apresenta um caleidoscópio de vivências. Começamos a sentir emoções antes não vividas, que podem nos amedrontar e ao mesmo tempo nos fascinar. A descoberta da sexualidade, os hormônios em plena ebulição, o amor erótico e o amor romântico são experiências maravilhosas! Por outro lado, a pressão para escolher uma profissão e o ingresso na universidade levam o jovem a entrar em contato com a maturidade e a possibilidade da vida adulta. Os grupos de amigos, que fazem parte da vida dos adolescentes e ajudam-nos a formar sua identidade, costumam também ser alvo de preocupação dos pais, que em geral não entendem as mudanças pelas quais seus filhos estão passando.

Temas como esses estão presentes neste livro, desenvolvido com base nas experiências de cada autor, sempre tendo como pano de fundo a abordagem gestáltica.

A prática clínica da Gestalt-terapia vem crescendo, o que exige de nós novas leituras e produções que auxiliem o profissional e o estudante de psicologia a compreender melhor o público adolescente. A prática clínica com esse público é singular. Distante da caixa lúdica ou da sala de brinquedos, o adolescente necessita de recursos diferentes dos utilizados na clínica com crianças para expressar sentimentos, inquietações e tudo que possa ser compartilhado em psicoterapia. O psicoterapeuta muitas vezes carece de recursos facilitadores para compreender os jovens e realizar intervenções bem-sucedidas. Sem a pretensão de esgotar o assunto, este livro traz alguns assuntos importantes no que tange ao atendimento de adolescentes. Além disso, recursos como filmes, arte, jogos, diálogos e orientação aos pais são abordados nos capítulos.

Desejo que profissionais e estudantes de psicologia, pais, educadores e todos os profissionais que desejam ampliar seu conhecimento sobre a adolescência e sobre a Gestalt-terapia apreciem a leitura.

Aos colegas gestaltistas deixo o convite para que continuem a enriquecer nossa abordagem escrevendo sobre outros temas relacionados à adolescência.

1

AFETIVIDADE NA ADOLESCÊNCIA

ANA MARIA MIRABELLA

Este capítulo traz como proposta a reflexão sobre alguns aspectos importantes da afetividade na adolescência e como somos por ela afetados, utilizando como fundamento a Gestalt-terapia e a psicologia humanista existencial.

Tomando como base o que tenho observado em minha prática clínica, abordarei aqui alguns fatores responsáveis por desencadear dor e sofrimento nos clientes que se encontram nessa fase da vida, por se verem diante de valores tão relativos e pouco delineados que atravessam sua existência. Assim, por meio de alguns fragmentos de sessões psicoterápicas, ilustrarei "como" o adolescente vem se organizando e vivenciando um desencontro entre seus sentimentos e o que percebe ao seu redor.

Acredito que minha tarefa tem sido, principalmente, ajudá-los a detectar, a contatar as mensagens ambíguas, além de compreender as influências socioculturais e familiares que norteiam sua educação. O objetivo é favorecê-los na formação e apropriação de valores, tanto nos aspectos singulares como ser único quanto nos aspectos gerais relacionados ao convívio em sociedade.

ADOLESCÊNCIA E AFETIVIDADE

Uma das mudanças que tornam nítida a transformação da criança em adolescente é a corporal, que fica mais intensa nessa fase. Tal mudança, além de perturbar o adolescente em todos os aspectos de sua vida, sinaliza aos pais que seu filho cresceu. De acordo com Romero (1998, p. 25):

> A vida humana pode ser caracterizada de acordo com oito dimensões. Todas estas dimensões se entrecruzam, se influenciam entre si, de modo que nem sempre é fácil discriminar num dado momento qual delas é predominante, pois num fenômeno qualquer todas elas estão presentes, embora de modo desigual. Contudo, nós podemos destacar uma dimensão em particular com o propósito de análise ou pesquisa – ou simplesmente porque o fenômeno se destaca por si mesmo numa dimensão particular, por se apresentar nesta área, embora se irradie para todas as outras.

A cada momento, somos afetados por algum estímulo em nosso viver. Alguns estímulos são captados com maior intensidade, provocando sentimentos e emoções mais fortes; outros são mais amenos; outros, ainda, não nos afetam, não se desvelam à consciência. Estamos sempre, no entanto, em contato com algo ressoando em nós, em nosso ser.

Há fases da vida em que as oito dimensões são intensamente afetadas. Tais dimensões, de acordo com a classificação de Romero (1998, p. 25), são as seguintes: *ser-no-mundo, valorativa, corporal, práxis, social e interpessoal, espaço-temporal, motivacional e afetiva*.

Dimensão afetiva é aquela que sofre de forma mais acentuada na adolescência, em virtude do excesso de estímulos vivenciado, provocando alterações no ser como um todo. Dessa maneira, reflete-se também no ambiente, possibilitando a revisão de antigos valores e promovendo novos posicionamentos diante da vida, positiva e negativamente.

Segundo Piccino (1998, p. 9 e 11),

> A afetividade deve ser pensada como a possibilidade de ser afetado por qualquer tipo de interferência vivenciada pelo homem no seu existir [...] Afeto quer dizer sofrer uma ação, ser modificado ou influenciado por essa ação. [...] A tendência ou capacidade para reagir facilmente aos sentimentos e emoções; reação de agrado ou desagrado com relação a algo ou alguém. [...] O que nos toca nos é dado vindo a nós como um acontecimento, uma situação fenomenológica. Cada experiência que a pessoa tem a afeta em sua totalidade. É uma vivência em que todas as dimensões estão concorrendo de algum modo e em algum grau de intensidade.

Alguns adolescentes passam por essa fase de forma mais tranquila, dependendo de como têm se constituído até então e, também, do suporte que têm recebido, principalmente de seus familiares. Para Piccino (1998, p. 9),

> A experiência particular de cada um reflete sempre a íntima e contínua relação que há entre tudo o que se passa com nossa afetividade [...] O que nos toca vem da experiência, e esta é a resultante da interação homem-mundo. É a relação internalizada e vivida do sujeito com os objetos e eventos do mundo.

A afetividade se mostra a estrutura fundamental do ser humano por possibilitar o encontro com os acontecimentos que são significados de alguma maneira, pois somos seres doadores de significados e a experiência se mostra a cada um singularmente.

A afetividade se baseia na coexistência, isto é, homem e mundo constituem uma unidade indissolúvel. O homem está sempre sendo tocado por alguma coisa, afetando e sendo afetado, sendo provocado por sensações, por percepções que dão asas à imaginação e provocam o sentir, o pensar e o agir; enfim, somos seres relacionais.

De acordo com Piccino (1998, p. 9),

> Afetividade se dá por um movimento de ir em direção a e ao mesmo tempo ir em direção contrária a; é uma dinâmica de atração e retração. [...] [no] senso comum, afeto é visto como ser amoroso, gentil, carinhoso, um sentimento positivo e bom. Embora esses aspectos estejam incluídos na afetividade, não podem ser definidos nem avaliados como positivos ou negativos sem estarem relacionadas a um contexto.

Passarei, agora, à reflexão a respeito de como a afetividade interfere nas questões vivenciadas pelo adolescente.

A palavra "adolescente" vem do particípio presente do verbo latim *adolescěre*, que significa "crescer". Crescer torna-se perceptível por meio das mudanças corporais "repentinas" iniciadas com a puberdade, que provocam questionamentos psicológicos, gerando uma crise de adaptação. O adolescente sofre uma ação, em decorrência da ebulição dos hormônios, e é modificado e influenciado por ela.

Adolescência é uma fase da vida que se inicia na infância e se estende até a vida adulta, sem data definida para seu término. Pode ser vivenciada novamente ao longo da vida, principalmente quando nossos filhos ou pessoas próximas a nós entram nessa fase, muitas vezes nos remetendo à nossa própria adolescência; ou até mesmo quando deparamos com alguma circunstância conflitiva que nos solicita uma nova postura diante da vida.

O adolescente vive entre ultrapassar as características da infância e lidar com as perspectivas da vida adulta. Parece mobilizado por uma sensação de medo e insegurança, entre a casa dos pais e o caminho da sociedade, agora de forma mais definitiva.

Como se refere Romero (2005, p. 80), "postulamos que a intensidade emocional e a variação dos estados de ânimo no jovem dependem em grande medida da necessidade de encontrar seu lugar no mundo, inserindo-se nos diversos planos da existência social".

Uma gama de possibilidades e responsabilidades se abre diante do adolescente, gerando grande angústia e insegurança, pois requer dele escolhas que poderão comprometê-lo durante toda sua vida.

Etapa de descobertas

Descobrem-se num corpo diferente – menstruação, masturbação, ejaculação, orgasmo, ereções inesperadas ou repentinas... –, um corpo estranho que já não obedece seus controles, com desejos, necessidades e emoções pouco conhecidas. Vivenciam a morte do corpo infantil, se desconhecem, estão à procura de uma nova identidade.

Experimentam, em relação ao outro, sensações novas que envolvem ao mesmo tempo prazer e estranhamento decorrentes do primeiro contato: o primeiro amor, a primeira paquera, o primeiro beijo, a primeira balada, a primeira relação sexual, a primeira gravidez... o uso de métodos contraceptivos (preservativos, pílulas, entre outros) etc.

O primeiro absorvente, a primeira maquiagem, o primeiro salto alto, a primeira barba, o primeiro pileque, o primeiro cigarro, a primeira vez que utilizam drogas ilícitas. Fase de inauguração.

A escolha vocacional, o exame vestibular, o primeiro emprego que representa sua inserção no mundo econômico, político e social – tornar-se competente para se sustentar. Carteira de trabalho, título de eleitor, carteira de motorista.

Espaço da produção (trabalho ou estudo); espaço na hierarquia social (*status*); espaço na vida pública, elegendo seus representantes e no exercício de seus direitos e deveres civis; espaço no círculo familiar e social (ser visto como responsável); espaço do outro, amigos, amores; e espaço íntimo e pessoal.

O adolescente é arrebatado por diversas situações inaugurais.

Características dos adolescentes como ser no mundo

O adolescente parece viver uma experiência de perda da corporeidade, pois não tem controle nem domínio sobre as alterações que estão surgindo diante de si.

Na infância, as alterações corporais são mais graduais, sem ocasionar sensação de estranhamento. Agora, no entanto, além do crescimento do corpo humano como um todo em suas proporções, ocorrem ao mesmo tempo transformações na voz, nas partes íntimas, nos desejos... Alterações essas que dificultam obter os antigos registros, pois estes já não servem, mas também dificultam, pela pouca definição, o acesso a novas possibilidades.

Diante dessas mudanças, parece que os adolescentes acabam desenvolvendo certa apatia pelos antigos registros e euforia em busca de outras formas de ser, de novas possibilidades. Muitas vezes essa busca frenética acaba por desencadear uma agressividade exacerbada ao que é familiar, como que para desenvolver recursos para lidar com o desconhecido, com o diferente que insiste em lhe pertencer. Essa agressividade se torna mais evidente e acentuada nos âmbitos familiar e escolar, com as pessoas e objetos à sua volta; há, muitas vezes, queda brusca na produtividade e comportamentos inadequados, despertando estranhamento nas pessoas em seu entorno. Isso se dá porque as questões familiares e acadêmicas, âmbitos mais frequentes em sua vida até então, já não o tocam como antes. O relato a seguir exemplifica bem essa questão.

Há alguns meses, recebi uma adolescente de 13 anos e 4 meses que chamarei de **M.** A mãe veio solicitar ajuda, pois não estava entendendo o que se passava com a filha, que, segundo ela, nunca tinha sido uma das melhores alunas, mas atualmente estava agindo de forma estranha, principalmente na escola.

Ocorre que, após a mudança no quadro docente, a nova professora de **M.** vinha se incomodando com o comportamento da adolescente, pois esta não respondia às suas perguntas, pedindo que as amigas o fizessem por ela. Por acreditar que tal atitude fosse sinal de algum problema psicológico grave, a professora não questionou a garota. Alegando que **M.** ficava alheia ao que acontecia em sala de aula, que se recusava a responder e nunca ouvia sua voz, a nova professora chegou a sugerir, inclusive, que talvez fosse um caso para a filosofia da inclusão que existia na escola.

Indagada por mim a respeito da situação, a mãe se mostrou bastante preocupada, pois entendia que a professora, por meio de suas considerações, estava insinuando que considerava **M.** autista. Nervosa e apreensiva, indagou sobre uma avaliação realizada por mim quatro meses antes, na qual eu havia concluído, mediante entrevistas e aplicação de testes, que **M.** é muito inteligente e criativa (faz desenhos elaborando novos modelos de roupas, referindo-se ao desejo de ser estilista), mas apresenta um transtorno moderado de déficit de atenção – o que foi confirmado pela mãe, que já identificara esse problema quando **M.** estudava em outra escola.

Ela consegue reter informações e prestar atenção apenas o suficiente para não ser reprovada de ano (o que, devido à filosofia da escola pública, nunca ocorreu); por outro lado, é muito atenta aos ornamentos e às roupas que as amigas e professores vestem, recordando-se deles e sabendo detalhá-

-los com precisão. Como se interessa por moda, sabe identificar, no que se refere à estética, os estilos de cada um, e tece opiniões críticas, conforme suas percepções, quanto a estarem se vestindo adequadamente ou não, desenvolvendo com certa propriedade suas colocações.

De acordo com Piccino (1998, p. 13): "A afetividade se dá por um movimento de atração e retração. A atração é a experiência de estar ligado a alguma coisa ou pessoa, na atração há o "chamar para si" e o "estar indo em direção ao outro".

M. está sintonizada, atraída pelas questões da estética, e diz não ter interesse pela escola e respectivas atividades. Diz, também, não se importar com os pais, pois estes não acreditam em sua capacidade para ser estilista.

Ela demonstra estar tão entrelaçada com seu desejo que nada mais em seu entorno parece lhe importar. A nova professora desconhece seu potencial e não percebe, por exemplo, que seus trajes representam de forma criativa a moda da juventude atual. Ela se encontra alienada das exigências escolares, mas muito "antenada" com o que acontece a suas amigas, seus amigos e "ficantes". A forma como se apresenta em sala de aula mostra que sua motivação se encontra, no momento, naquilo que dá sentido à sua vida. Ela está retraída dos estudos, mas é solicitada, inclusive pelos professores, para desenhar, ajudar nas ilustrações; ajuda as amigas e pessoas próximas com os *looks* para as baladas. Ou seja, sabe muito bem o que se passa ao seu redor e valoriza ter um estilo próprio. Em nossas consultas, ilustra com exemplos os diversos grupos que se caracterizam pelas diferentes indumentárias.

Embora, como coloca Romero (2005, p. 81), seja

> [...] verdade que a adolescência implica num desabrochar de possibilidades inéditas, na procura de novos referenciais e objetos de

> identidade, de novas formas de relação homem-mundo. Contudo não esqueçamos que o indivíduo já está marcado por uma história que o condiciona em alguns aspectos e que o orienta em certas direções. No plano dos afetos o sujeito apresenta uma história vivencial que o sensibiliza para certos objetos que o condicionam para vincular-se de uma certa maneira.

A mãe de **M.** é esteticista, trabalha com maquiagem e cabelo, ajudando **M.** nas produções. Sabe que sua filha argumenta muito bem e ainda possui dom para criar e desenhar modelos.

Procuro acompanhar **M.** acolhendo-a em suas inquietações e conflitos, validando seu melhor e ajudando-a a compreender que é necessário relacionar-se com o que não lhe agrada tanto, pois para fazer moda é preciso conhecer novas culturas, é preciso saber calcular medidas etc.

Diferente da infância, na qual a criança vive num ambiente confortável, seguro, pois depende dos pais para tudo e estes procuram supri-la, na medida do possível, naquilo que acham necessário (e muitas vezes até extrapolando-o), na adolescência os pais são colocados de lado, pois já não são eles a decidir sobre a vida dos filhos.

Referindo-me à rejeição dos filhos em relação aos pais, nesses anos de atendimento pude observar que, muitas vezes, ao solicitar ajuda, os pais se colocam como se o filho não lhes pertencesse mais: de repente apareceu esse "ser estranho". Eles deixam transparecer, em suas atitudes que revelam até certo desencantamento, de forma quase sempre velada, que também rejeitam esse ser, bem como seu desconhecimento em como proceder e o distanciamento do filho.

Como coloca Romero (2005), tudo que o adolescente vivenciou, todas as influências, principalmente as familiares, concorre para que este possa ir constituindo uma "nova" identidade.

Seus comportamentos e posturas são ambíguos, pois refletem a transposição da infância para a adolescência, fase na qual há uma transformação do "eu" diante da identidade vulnerável em que se encontram.

Há uma demonstração "exagerada" da sexualidade, pois os conteúdos da consciência estão muito erotizados. As reações emocionais são intensas e há uma acentuada flutuação de sentimentos. Ao falar em erotização, sexualidade e afeto, não podemos deixar de nos referir ao desejo, já que a afetividade nos acompanha em todas as vivências que estabelecemos e se manifesta em nossa corporeidade.

Nessa fase, o adolescente é movido principalmente pelo desejo do outro, mas também pelo desejo de resolver as questões ambíguas, pelo desejo de resolver ou antecipar o futuro sem levar em conta as condições atuais. O desejo, diferente do querer, não sabe aguardar; o querer requer maior ponderação sobre as possibilidades viáveis de realização.

Retomando como exemplo o caso de **M.**, podemos observar que ela, por sua imaturidade, não considera, não pondera o que seria necessário para ser estilista. Não se importa em estudar para se preparar para o vestibular, limita-se em desenhar – atividade que realiza muito bem, mas não é suficiente para atingir seu objetivo. Com menos de 15 anos, não há mesmo essa preocupação.

Segundo a literatura referente aos transtornos afetivos na infância e adolescência, o transtorno bipolar é o mais frequente, pois a depressão e a euforia são sentimentos recorrentes nessa fase, devido ao anseio por soluções rápidas ou reativas ou até mesmo por protelarem algumas decisões.

Ocorrem também uma preocupação excessiva com a aparência e uma mudança radical nos trajes, permeada pela necessidade de pertencer. Buscam aproximar-se dos grupos de sua idade e também de pessoas que lhes despertem admiração. Esses grupos, com frequência, induzem a comportamentos de risco – pelo excesso de álcool e drogas – e, para demonstrar lealdade e autenticidade nas experiências permeadas pelas novas crenças, não temem correr riscos, podendo acidentar-se gravemente e muitas vezes perder a própria vida ou tirar a vida de outras pessoas.

Além da influência dos grupos, outro fator que os induz ao uso abusivo de drogas lícitas e ilícitas é a necessidade de fugir dos sentimentos ambivalentes e do medo de assumir as próprias decisões; as drogas seriam uma maneira de aliviar a angústia e a insegurança relacionadas à diversidade de sentimentos que permeiam suas experiências.

Muitas vezes esse interesse já surge na infância, principalmente pelo álcool, pois os veículos de comunicação sugerem que beber deixa as pessoas felizes, exibindo propagandas que mostram pessoas alegres em volta da mesa tomando cerveja. Nas novelas, além do já referido, há indução à ideia de a bebida atuar como um remédio, um tranquilizante, ou seja, ela é apresentada como uma das soluções que os adultos utilizam para se sentir bem. Esse registro afeta a criança, promovendo uma possível resposta para o futuro.

Na adolescência, quando diante de situações conflitantes e angustiantes, já sabem ou deduzem quais são as soluções a copiar: aquelas que ficaram registradas como eficientes para promover o bem-estar na vida adulta para a qual se encaminham. Mesmo que não aprovem o sabor, o odor e as diversas reações desagradáveis, tenho ouvido dos grupos de adolescentes que venho coordenando que muitos deles se forçam a utilizar até se acostumar. Por estar em busca de uma nova identidade, para não se sentir distante ou rejeitado pela "galera", e também para poder acreditar que não há nada de errado com ele, o adolescente acaba por se envolver cada vez mais. Como o álcool provoca uma sensação de relaxamento, diminuindo a ansiedade e também a crítica, o adolescente não percebe que está passando dos limites e se tornando dependente.

Atendi, certa vez, um jovem de 20 anos que utilizava as bebidas alcoólicas como remédio para sua timidez com as garotas. Ele tentava confortar os pais dizendo que ficassem tranquilos, pois não se envolvia com "essas porcarias", referindo-se às drogas ilícitas. Abusava, no entanto, das bebidas, até que um grave acidente o deteve e ele pôde parar para refletir sobre suas atitudes.

Outra característica observável nessa fase é uma acentuada idealização; por isso, tendem a trocar as relações presenciais pelas virtuais, fugindo das frustrações. A idealização e a racionalização permeiam o pensamento do adolescente. Assim, ao mesmo tempo que buscam questões filosóficas complexas, defendem mensagens superficiais do mundo.

Apresentam grande preocupação e angústia pelos projetos futuros, pois vivem num paradoxo, buscando independência e autonomia e, ao mesmo tempo, sendo tomados pelo medo e pela insegurança das responsabilidades.

Eles continuam interessados em jogos e esportes, mas brincam com seriedade: por meio dos desafios que os jogos despertam, vivenciam formas e estratégias de lidar com os problemas do cotidiano e superá-los.

Essas diferentes modalidades de "ser" citadas anteriormente refletem a busca de um estilo próprio que possa validar seu lugar na sociedade e no mundo.

O CONTEXTO FAMILIAR

Como os pais costumam se comportar diante dessa etapa que envolve descobertas, experimentação, transformação e afirmação?

Um aspecto importante tem me chamado a atenção e até mesmo me impactado no que diz respeito à postura dos pais. Pelo que venho observando nesses anos de trabalho com os adolescentes – como psicoterapeuta e como supervisora clínica, em meu consultório e no curso de Gestalt-terapia do Instituto Sedes Sapientiae, onde por alguns anos acompanhei alunos que faziam estágio na Casa do Adolescente (que faz parceria com os futuros gestaltistas) – e também por meio das leituras referentes ao tema, tenho constatado que os pais desenvolvem duas posturas básicas:

- A primeira consiste num controle excessivo do filho. Ligam, por exemplo, com alguma regularidade para o terapeuta, querendo saber se o filho está frequentando a terapia ou para contar algum episódio que este "aprontou", mesmo tendo feito um contrato segundo o qual as informações seriam passadas apenas com o consentimento e na presença do cliente. Na ânsia de ajudar os filhos, e devido à angústia – talvez pelo medo de perdê-los, ou pela necessidade de que o "conserto" seja realizado o mais rápido possível, pois também são tomados por sentimentos de insegurança em relação a quem os filhos estão se tornando e impotência, isto é, não os reconhecem mais –, passam por cima de muitos valores e costumes. Tornam-se verdadeiros investigadores, principalmente as mães (às vezes com a conivência dos pais, outras vezes com a ausência e a indiferença destes). Já ouvi relatos, até certo ponto compreensíveis, pelos perigos e violência presentes em nossa sociedade, de pais que chegam na balada de repente ou cheiram os pertences dos filhos para verificar possíveis odores relacionados a álcool e drogas; mas há também investigações de cunho sexual.

- A segunda atitude remete ao abandono ou à indiferença, negando a parcela de responsabilidade que lhes pertence. Deve-se, em parte, provavelmente, à dificuldade em acompanhar os filhos diante das novas experiências, em razão de questões mal resolvidas e inacabadas de sua própria adolescência. Fazem de conta que não é com eles. Quando convocados para a sessão em família, concordam por ocasião das primeiras entrevistas. Logo que o processo se encaminha, no entanto, "largam" o adolescente no consultório e parecem só querer retornar quando tudo estiver solucionado, ou melhor, quando o filho estiver com 25 anos.

O medo e a preocupação das consequências dos atos impulsivos – gravidez precoce, doenças sexualmente transmissíveis, uso abusivo de álcool e outras drogas, situações de violência com desfechos trágicos, acidentes graves e fatais etc. – acabam, portanto, despertando situações ou de "marcação acirrada" ou de alienação e abandono.

Em sessões de orientação e de entrevista com os pais, tive a oportunidade de observar que estes, muitas vezes, parecem negar que foram adolescentes, deixando fora da fronteira de contato as experiências vividas nessa época, dificultando seu acesso aos recursos necessários para o desenvolvimento de um autossuporte que pudesse favorecê-los na comunicação com os filhos. A adolescência parece somente uma fase de situações perigosas e negativas, permanecendo alienadas as conquistas e situações prazerosas e emocionantes que a permeiam.

Há também os pais que retornam à adolescência: saem junto com os filhos, usam roupas semelhantes, às vezes até "roubando a cena" e gerando constrangimento por atitudes inadequadas. Um exemplo disso foi um atendimento que supervisionei, certa vez, na Casa do Adolescente: a filha, com 16 anos, tinha de cuidar dos excessos da mãe em relação ao consumo de álcool e também aos "ficantes", muitas vezes amigos da filha.

Por fim, há também os pais que revivem suas conquistas e dificuldades em conjunto com os filhos, muitas vezes ressignificando sua história, modernizando-se no vocabulário e na aparência, e principalmente revisitando e revendo seus valores. Por ter uma atitude mais próxima dos filhos que os favorece nas dificuldades, estes acabam por não precisar de acompanhamento psicológico.

QUESTÕES CLÍNICAS

Como possibilitar suporte e acolhimento nessa etapa da vida em que se busca fortalecer uma identidade e na qual a dificuldade em se reconhecer permeia toda a existência?

Como dar suporte perante esse universo convidativo, fascinante e ao mesmo tempo arriscado e temido?

Embora o crescimento e a formação atravessem toda a existência, por meio das atualizações e aprofundamentos por que passamos todos nós como "seres humanos", precisamos acompanhá-los em suas perguntas deixando-nos tocar pela realidade que se desvela diante de nós a cada encontro.

O psicoterapeuta deve mostrar seu rosto a quem está à procura do próprio rosto, considerando sua singularidade e interioridade, compreendendo as características que influenciam a mentalidade atual do paciente. Afinal, "a forma como somos afetados requer uma resposta pessoal e particular" (Piccino, 1998).

É preciso possibilitar que revisitem sua história a fim de digerir seus introjetos, auxiliando-os a elaborar e responder a suas próprias questões e acompanhando suas dúvidas e angústias...

Quem sou eu agora? Quem estou me tornando? Esses modelos não me servem mais; quais os modelos a seguir? Com quem me identifico? Em que me diferencio dos outros? Em quem confiar? O que vale mais a pena? Que escolhas devo fazer? Como me tornar um adulto diferente dos "chatos" que conheço?

O papel do terapeuta – Entrar na experiência subjetiva

Acredito que nossa tarefa seja ajudar o adolescente a distinguir-se dos outros como "si mesmo", como pessoa livre e responsável por suas escolhas, formando seus próprios julgamentos sobre o mundo.

É importante respeitar e acolher seus momentos de retração e desconfiança, para que possam aprofundar seus questionamentos acerca de sua própria existência, favorecendo a reflexão sobre as questões mal resolvidas da infância. As manifestações sexuais, nessa fase, devem ser percebidas como uma necessidade de encontro com o outro. Os jovens procuram aplacar inseguranças, medos, anseios e questionamentos permanecendo a maior parte do tempo em grupos, turmas ou gangues...

Essa fase deve ser compreendida como um teste sobre as referências sociais e familiares inaugurando o caminho em direção ao mundo dos adultos. Retomando Piccino (1998, p. 9) devemo-nos lembrar de que "a afetividade se dá por um movimento de ir em direção a e, ao mesmo tempo, ir em direção contrária a", é aproximar-se, atrair-se pelo grupo de amigos e afastar-se, retrair-se da família, "é uma dinâmica de atração e retração" que ocorre de diferentes modos e intensidades.

O psicoterapeuta necessita estabelecer com o jovem um vínculo bem íntimo, uma aliança, apreciando suas experiências e validando as escolhas e as dificuldades que ele próprio vivenciou nessa mesma fase da vida.

CONCLUSÃO

Adolescência é uma fase na qual podemos ser afetados mais intensamente por sentimentos que levam a uma reestruturação da vida em todos os sentidos. Retrata a forma individual de reagir às situações que agradam ou desagradam com relação a alguma circunstância ou interferência em nossa existência. Nesse momento de nosso existir, reagimos fortemente, ou melhor, radicalmente, por meio de sentimentos de aceitação ou rejeição.

As escolhas se evidenciam tanto pelo adolescente quanto pelas pessoas em seu entorno. Algumas destas, durante esse processo, revivem o que deu certo para elas; muitas não conseguem “abrir mão” de como suas próprias escolhas, durante sua adolescência, foram feitas, e tentam impor aos filhos a mesma cartilha. Agora é outro tempo e a cada instante somos afetados por estímulos diferentes de acordo com o espírito da época; estamos sempre em contato com algo ressoando em nós, em todo nosso ser.

A experiência individual e subjetiva de cada um vem refletir sempre a íntima e contínua relação que há entre tudo que se passa em nosso mundo particular e constitui a nossa forma de ser, a afetividade. O que nos toca vem da experiência e esta é resultante da interação homem-mundo, é a relação internalizada e vivida do sujeito com os objetos e eventos do mundo, por isso a importância de ajudá-los a aprofundar seus questionamentos quando forem muito superficiais. Por exemplo, muitas vezes querem seguir uma "galera", ser "roqueiro", mais pela indumentária do que pelo conhecimento profundo da filosofia que norteia esse grupo; observo que não sabem o verdadeiro significado de pertencer ao grupo dos roqueiros, dos "emos", reproduzindo somente o jeito de se vestir, de pentear o cabelo, formas de provocar e chocar a família e a sociedade que possam vir a prejudicá-los futuramente.

Outro aspecto que acho importante focalizar nessa reflexão diz respeito aos prejulgamentos que aparecem na sociedade em geral, que se referem a essa fase de vida como "aborrecência". Acredito que esses valores são permeados pelos conceitos que utilizam como referência a afetividade segundo o senso comum, de acordo com o qual o afeto é visto como ser amoroso, gentil, carinhoso, um sentimento positivo e bom. Nessa fase, em geral, os indivíduos são mais agressivos, buscando destruir os antigos parâmetros para ocupar um lugar diferente, e essa agressividade é, muitas vezes, mal interpretada e compreendida como se a pessoa se resumisse somente a esse aspecto.

Embora eu tenha falado um pouco do desenvolvimento da afetividade, pois esta vai se constituindo como estrutura fundamental desde a nossa concepção, minha intenção foi tentar colocar em questão o significado da desconfirmação na infância, em geral relacionado às figuras parentais. Diante dessa fase difícil que traz tantos conflitos familiares, tantas decepções, principalmente no caso das pessoas que não conseguem se colocar no lugar do adolescente que está sendo arrebatado pelos muitos estímulos concomitantes que envolvem várias situações inaugurais que os tiram do lugar que sempre ocuparam, o fundamental para a humanidade é conhecer o homem, seu experienciar, seu vivenciar e seu ser no mundo, um ser que atribui significados ao vivido, pois vivemos em relação com – e as relações acontecem no "entre" que se dá no contato que temos conosco e com o ambiente a cada momento.

Passamos por diversas fases na vida em que algumas características se evidenciam, mas estamos sempre sofrendo movimentos que envolvem tudo que constitui o homem como ser social – que atualmente é permeado pelo caráter utilitarista, individualista, descartável e hedonista. Há também a relativização dos valores e a recusa das convenções sociais, que influenciam a sensação de desamparo e desnorteamento. O normal para o adolescente parece ser o não se importar com os acontecimentos, não havendo lugar para a dor e o sofrimento, dificultando reflexões mais profundas, o que desencadeia uma sensação de impunidade e reforça a inconsequência em suas atitudes.

Enfim, ser afetivo é deixar-se tocar pelas novas situações, e reagir a elas singularmente, de acordo com seu jeito único de ser, buscando um novo lugar, transformando o mundo e sendo por ele transformado, proporcionando também um novo lugar a seus familiares e à humanidade, pois a cada mudança tudo e todos se transformam e necessitamos dar suporte, ou melhor, "suportar" as crises que oferecem um novo movimento ao universo.

Relatos de alguns adolescentes:

B., 13 anos, sexo feminino: *"Pra mim, ser adolescente é a coisa mais legal da sua vida porque é aí que você vai aprender mais sobre você... O pior é quando você se acha a coisa mais feia do mundo e também a mais chata, se sentir inferior às outras pessoas. A melhor coisa é que você pode fazer coisas que os adultos e as crianças nem imaginam, pular de* bungee jump."

G., 16 anos, sexo feminino: "*A adolescência é uma parte da vida que tem muitas fases, por exemplo: a fase em que você é a solitária, a fase em que você pensa que sabe tudo e a fase em que você é a normal e a anormal... Ser adolescente é quando você vai começar a pensar qual vai ser a sua profissão.*"

C., 15 anos, sexo feminino: "*Ser adolescente é ser responsável, pois conquistamos muitas coisas e a cada conquista a responsabilidade aumenta. É uma coisa boa e ao mesmo tempo ruim. O bom é a fase em si onde descobrimos novas coisas e novos caminhos, o lado ruim é que perdemos aquela infância, aquela inocência, aquele 'mimo' dos pais. A partir de agora temos mais regalias, como chegar tarde em casa etc., mas temos mais responsabilidade.*"

REFERÊNCIAS BIBLIOGRÁFICAS

ASSUNÇÃO JR., F. B. *Transtornos afetivos da infância e adolescência*. São Paulo: Lemos, 1996.

PICCINO, J. D. *A dimensão afetiva*. São Paulo: Sobraphe, 1998. Mimeografado.

ROMERO, E. *As dimensões da vida humana – Existência e experiência*. São José dos Campos: Novos Horizontes, 1998.

______. *Estações no caminho da vida*. São José dos Campos: Della Bídia, 2005.

TIBA, I. *Anjos caídos – Como prevenir e eliminar as drogas na vida do adolescente*. São Paulo: Gente, 2003.

2 A CONSULTA CLÍNICA COM PAIS DE ADOLESCENTES EM GESTALT-TERAPIA

MYRIAN BOVE FERNANDES

A passagem da infância para a adolescência é repentina e drástica não somente para os adolescentes como também para seus pais. Vem logo após o movimento de assentamento das conquistas feitas na infância, no qual a criança parece tranquila, identifica-se com hábitos e valores veiculados pelos pais e convive com facilidade no seio familiar. Durante a meninice há uma atmosfera geralmente agradável, na qual os sentimentos fluem e os filhos aceitam com naturalidade que os pais administrem suas atividades e sua vida.

Na adolescência, porém, a tarefa dos filhos é se diferenciar do ninho primeiro e construir uma identidade própria que muitas vezes não nega a matriz, mas se opõe a esta para que possa se reconhecer. Os pais procuram aquele filho que estava sempre por perto, afável, e encontram tudo mudado: a porta do quarto fechada, som em volume muito alto, cara amarrada. Procuram aquela criança que vibrava quando propunham determinado programa de domingo e encontram resistência do filho em aceitar seu convite. Quando é preciso colocar limites e dizer "não", os pais recebem uma série de argumentos – alguns descabidos, outros tão consistentes que provocam impacto e sinalizam que tudo está muito diferente.

Esse é um momento de afirmação da identidade, oposição, diferenciação, desenvolvimento de habilidades intelectuais, ampliação da consciência reflexiva (pensar antes de agir), controle do impulso, questionamento e apropriação de valores, crescimento físico, estranheza pelas mudanças que ocorrem no próprio corpo, consolidação de um esqueleto forte e consistente, transformações sexuais, construção da autoimagem e da autoestima, imersão na socialização e convivência com pares, elaboração de conflitos, compreensão da perspectiva do outro, construção de uma conduta ética e escolha profissional.

A literatura sobre terapia familiar salienta vários aspectos quando discorre sobre as relações entre pais e filhos nessa idade. Riera (1998, p. 18) afirma que "os pais e os adolescentes têm visões de mundo diferentes, que dirigem seus comportamentos, atitudes e interpretações dos acontecimentos de modos muito diferentes". Em minha experiência, percebo uma retomada feita pelos pais dos temas e das lembranças de situações vividas nesse período. Muitas vezes, após um choque inicial com as mudanças bruscas, eles buscam ajuda do profissional para conhecer melhor essa passagem e encontrar alternativas criativas e novos caminhos a ser seguidos nessa etapa do ciclo vital da família. Este é o tema deste capítulo: a consulta clínica com pais de adolescentes que trilham o árduo caminho da passagem de administradores que eram da vida de seus filhos para consultores nos momentos em que estes tomam decisões importantes e/ou precisam de ajuda – seja um acompanhamento na área da saúde, da sexualidade, da aprendizagem ou do desenvolvimento social.

Abordo, neste capítulo, temáticas que envolvem uma breve caricatura dos adolescentes de hoje. Focalizo, em seguida, as sessões ou consultas com os pais; a compreensão diagnóstica levando em conta alguns aspectos dos principais estilos de família e as diferentes tendências que provocam na dinâmica familiar. Procuro discorrer sobre as contribuições da Gestalt-terapia ao trabalho do psicólogo quando este se propõe a favorecer o crescimento pessoal dos membros da família e a evolução e harmonização do conjunto. Comento uma contribuição do Universo Online (UOL) em homenagem ao dia da família, com dicas de vários especialistas sobre como auxiliar a família a se manter unida. Para encerrar o capítulo, apresento algumas sugestões sobre como criar hábitos para tornar a convivência familiar mais positiva e enriquecedora nesse momento do ciclo vital da família.

ADOLESCENTES HOJE: UMA CARICATURA

Hoje, em geral, os adolescentes são todos inquietos, fazem tudo depressa, relacionam-se em redes, são multitarefa, adoram música, de preferência com ritmos pesados e sem dar muita importância à melodia, estão ao mesmo tempo no mundo e dentro do próprio quarto, querem se superar dominando cada etapa do último lançamento do mais sofisticado jogo eletrônico. Expõem sua intimidade que quase já não existe, não têm privacidade, vivem em um ambiente cercado por câmeras que tudo registram. Falam com o vizinho pelo MSN em uma linguagem cifrada e abreviada que lembra a língua portuguesa, mas é esquisita e empobrecida. Pensam que são livres para escolher, porém na maioria das situações mergulham nos ditames da moda ou dos modismos. Adoram matinê ("baladas" entre os 12 e os 18 anos). E assim vai.

Juntos ou separados, com muita frequência, pai e mãe têm de trabalhar para prover o sustento dos filhos e manter economicamente a família. Com a extensa jornada de trabalho e tantas solicitações e obrigações fora de casa, resta pouco tempo e energia para investir na convivência e na qualidade do contato entre os membros da família nuclear.

O adolescente da classe média paulistana, além de fazer parte do contexto acima descrito, é bombardeado por uma saraivada de estímulos e exigências, tais como: pertencer a uma ampla rede social; passear no *shopping*; praticar esportes e se destacar em um deles; frequentar uma academia para fazer musculação, aeróbica, enfim, o que for necessário para esculpir o corpo. Muitas garotas submetem-se a cirurgias plásticas, lipoaspiração e outros tratamentos estéticos por vezes dolorosos e arriscados, só para atender ao modelo de beleza que está em vigor na mídia. Ainda no terreno contraditório da mídia, mensagens do tipo "Coma hambúrguer", "Beba cerveja" e "*Fast-food* é rápido e faz bem" estão ao lado de "Só quem é magro e esbelto cabe neste clube".

Calligaris (2009) chama a atenção para a quantidade de mensagens duplas que os adolescentes recebem, tais como: amadureça e torne-se um profissional competente porque isso é o que se espera nesta sociedade, mas estenda sua juventude, fazendo cursos e mais cursos, preparando-se, pois não existe espaço para novos profissionais disputarem o mercado de trabalho.

Um campo no qual há tanta demanda e é povoado por excesso de estímulos certamente não favorece a reflexão, o contato consigo mesmo, o cultivar vínculos e amizades fiéis e duradouras, a compreensão da perspectiva do outro; enfim, não é terra fértil para proporcionar amadurecimento pessoal, elaboração de conflitos, harmonização de sentimentos. A meu ver, essas são tarefas primordiais na vida de um adolescente que investe tempo e energia em seu próprio crescimento.

Temos, sim, notado elevação dos índices de violência, aumento dos diagnósticos de transtornos psiquiátricos, número crescente de adolescentes em conflito com a lei, abuso de bebidas alcoólicas e outras drogas, suicídio e outros. Muitas vezes, os clientes que nos procuram em nosso consultório estão inseridos em algum desses contextos. Por outro lado, já ouvi de alguns educadores de bons colégios em São Paulo a afirmação de que hoje os alunos são mais dóceis, mais tranquilos, não fazem tanta bagunça nem são tão contestadores quanto eram os dos anos 1960 e 70.

Podemos levantar a hipótese de que a vida de muitos adolescentes ainda é regada a presença, proteção, incentivo para assumirem caminhos de crescimento e tomada de responsabilidade, orientação e carinho dos pais. Para estes, a escola é um local que oferece segurança e possibilidades de ampliar o conhecimento e concretizar o desenvolvimento pessoal. Docilidade pode ser sinal de que não há muitos motivos para revolta, mas pode também assinalar acomodação ou o fato de não ter pelo que lutar.

Quero salientar, no entanto, que conheço muitos pais bem-intencionados que encontram tempo para oferecer ambiente tranquilo para a construção da identidade, formação de caráter, aquisição de conhecimento e socialização adequada a seus filhos, mesmo no corre-corre atribulado do dia a dia. Conseguem levar e trazer não só os filhos como os amigos destes em festas e passeios durante as férias. Convivem, escutam, colocam limites, proporcionam novas oportunidades como cursos, viagens, atividades nas quais eles têm de tomar iniciativas – enfim, estão presentes, ora de forma criativa, ora normativa, na educação de seus filhos.

OS PAIS DOS ADOLESCENTES E A CONSULTA CLÍNICA

Em minha prática clínica, ao longo de tantos anos, tenho tido experiências diversas. Já atendi famílias nucleares completas com filhos adolescentes; casais pais de adolescentes, muitas vezes encaminhados pelos terapeutas de seus filhos para terapia familiar frequentada só pelo casal; terapia individual de adulto na qual o foco em vários momentos recai sobre ser mãe ou ser pai de adolescente; terapia do próprio adolescente na qual convidamos os pais, ou separadamente pai ou mãe, para algumas sessões. Existem também as sessões de aconselhamento, no formato de atendimento individual ou em grupo.

Como cada família apresenta sua especificidade, a escolha da modalidade do atendimento deve estar em sintonia com as necessidades e as possibilidades de cada contexto. O importante é que todos (membros da família e eu, a terapeuta) tenhamos clareza de qual é a perspectiva da minha atuação profissional. Em qualquer uma das possibilidades supracitadas, o foco recai na relação entre pais e filhos. Minhas intervenções têm o propósito ora de facilitar a comunicação entre eles, ora de auxiliá-los na ampliação de awareness[1], ora de ajudá-los a encontrar novas perspectivas para que consigam equacionar, redefinir e elaborar conflitos e assim tomar suas decisões com mais consciência. Em certos momentos, tenho a função de esclarecê-los sobre temas estudados pela psicologia; em outros, meu objetivo é simplesmente oferecer um espaço seguro para que cada um possa ir ao encontro de si mesmo e revelar-se aos demais.

Na fase inicial do atendimento, tento identificar os diferentes valores, regras e estilos de interação próprios daquela família. Diante de tantas singularidades, procuro desenvolver um olhar que seja ingênuo, virgem e, ao mes-

---

1. "*Awareness*" é uma palavra que os Gestalt-terapeutas preferem não traduzir. Em linhas gerais, significa "presença consciente em relação a si mesmo e à situação".

mo tempo, atento. Ingênuo e virgem, de um lado, para acolher sem (pre)conceitos o que emergir ao longo da sessão. Atento, de outro, com o intuito de identificar, comparar o que vejo com o que sinto e capto como ressonância do sistema para que, de posse de minha experiência pessoal e de um conhecimento teórico que me servem de mapas, possa guiar minhas intervenções. Segundo Zinker (2001, p. 84), nossa tarefa como terapeutas é ajudar os pais ou "a família a perceber como e onde o sistema entra num impasse e como usar sua awareness e sua energia coletiva para ultrapassar esses impasses em suas interações".

Nas primeiras sessões, creio que é necessário traçar uma compreensão diagnóstica porque, como a adolescência representa uma fase da vida turbulenta por natureza, é muito fácil confundirmos a sintomatologia característica de algum quadro descrito pela psicopatologia com um comportamento desagradável que, porém, pode estar sintonizado com esse momento da vida.

Acrescenta-se a esse motivo o fato de que o adolescente reage com muita rapidez e intensidade – se pode, por um lado, levar a bom termo uma situação e criar soluções para conflitos insolúveis momentos atrás, também pode, por outro lado, entrar em desespero num átimo por uma questão que nos parece à toa e tomar uma atitude drástica, colocando até mesmo sua vida e/ou a de outros em risco em frações de segundo. Quem não conviveu com a tristeza de famílias de adolescentes que sofreram um acidente quando, em uma brincadeirinha, pegaram o carro escondido dos pais? Não é incomum, também, o caso do jovem que ao ter uma desilusão amorosa ingere bebida alcoólica até entrar em coma.

Algo que parece um mero impulso pode ter sua raiz em emoções muito mais complexas. Portanto, chamo a atenção para que se tome cuidado em não banalizar a patologia nem exacerbar um comportamento que possa ser considerado adequado à condição adolescente. Essa postura requer do psicólogo conhecimento teórico, sensibilidade, perspicácia e criatividade. Em muitos casos, em algum momento é necessária uma interferência rápida no campo: mudança de escola ou do local onde a família costuma passar as férias, participação em algum programa educacional específico, viagens etc. Para o adolescente, a mudança no campo muitas vezes provoca uma rápida reorganização que propicia um redirecionamento de sua conduta.

A compreensão diagnóstica é fundamental para que nós psicólogos escolhamos nossas intervenções. Ilustro essa afirmativa oferecendo como exemplo o fato de que jamais poderíamos sugerir uma viagem a um adolescente que apresenta sintomas de depressão, porém essa pode ser uma sugestão extremamente útil para alguém que procura novos amigos ou grupos de pertinência.

Para compor uma compreensão diagnóstica do sistema familiar tendo como referência a abordagem gestáltica, é importante lançar um olhar para sua configuração. Quem marca a primeira consulta? Quem toma a iniciativa de reunir a família e me procurar? Quem é o emergente grupal (também conhecido como "paciente identificado", nome mais comumente usado em outras abordagens)? Como se sentam e se agrupam na sala? Trazem somente temas ligados à família nuclear ou fazem presente a família extensiva? É evidente a influência dos antepassados no comportamento atual? Que forma, desenho ou imagem emerge em minha mente quando os vejo juntos?

Aos poucos, vamo-nos (membros da família e eu) conhecendo melhor e procuro identificar como lidam com suas **fronteiras**. São pessoas afáveis que se mantêm conectadas a um círculo de amizades, ou são mais fechadas e não promovem trocas com o mundo exterior? Zinker (2001, p. 71) afirma que foi "Lewin quem aplicou pela primeira vez a noção de fronteiras psicológicas aos processos intrapsíquicos, ao relacionamento entre as pessoas, a seus ambientes psicológicos e físicos, e também aos relacionamentos entre as diversas pessoas". Sabemos que o contato acontece na fronteira. Analisar como as famílias expandem e retraem suas fronteiras, em outras palavras, é perceber como estabelecem contato – entre a família e o ambiente, entre os membros da família nuclear, entre cliente e terapeuta.

Cada sistema relaciona-se também com subsistemas. No caso das famílias, estes incluem adultos, adolescentes e combinações de adultos e adolescentes. Cada subsistema tem sua própria fronteira e estas estão em constante mudança. Para Zinker (2001, p. 75), família funcional é aquela que apresenta uma fronteira clara, ou seja, é aquela cujos membros conhecem uns aos outros o suficiente para "sentir quando se reunir e quando permanecer separados. [...] Os indivíduos tratam uns aos outros com respeito, permitindo que cada um tenha privacidade e, ao mesmo tempo, mostrando preocupação e interesse uns pelos outros".

As famílias saudáveis apresentam fronteiras flexíveis, selecionam contatos nutritivos e alienam aqueles que podem ser tóxicos. Seus membros interagem com mais ou menos apego ou soltura dependendo das necessidades e circunstâncias. Quando os filhos são adolescentes, existe o diálogo, a troca de opiniões diante dos conflitos que emergem. Há uma busca de elaboração de tais conflitos que visa identificar os principais desejos, necessidades e ponderações de cada membro da família envolvido na questão. A tomada de decisão que vem a seguir é compatível com o fruto dessa reflexão conjunta – guardadas, porém, as devidas proporções hierárquicas, pois aos pais cabem a autoridade e a direção do lar. Nessas famílias existe coerência entre palavra e ação.

Por meio da análise das fronteiras, Zinker aponta para vários estilos de comportamento que apresentam as diferentes famílias. Algumas possuem fronteiras impermeáveis e muito rígidas, fechadas aos estímulos externos e à convivência com pessoas de fora, ao passo que entre os membros da família nuclear as fronteiras são quase inexistentes. Assim, os pais são superprotetores, impedem que seus filhos frequentem os lugares da moda, fazem tudo por eles tolhendo sua iniciativa. Dessa maneira, em nome de prover a segurança, não favorecem possibilidades para que seus filhos corram algum risco e, portanto, criem autonomia e independência. Por outro lado, muitas vezes os membros dessas famílias vivem preocupados e controlando em demasia a vida uns dos outros, não há privacidade. Zinker (2001, p. 78) identifica esse sistema como confluente e essas famílias são por ele denominadas retrofletidas. "Retrofletir significa inverter radicalmente a direção de um fluxo. Assim, retroflexão é uma resistência que retém a energia e impede a sua expressão."

Penso que nesses casos é importante ir além, conectar-me ao sofrimento presente nas famílias que detêm tal funcionamento. É, muitas vezes, por ocasião da adolescência dos filhos, quando estes tentam se diferenciar dos pais, que emergem os grandes conflitos. Em geral, ou se trata de um funcionamento que vem pautado por modelos culturais que ora são questionados pelos filhos adolescentes, ou de uma grande insegurança por parte dos pais (que muitas vezes se estende aos filhos).

No primeiro caso, creio que é importante retomar costumes, valores e mitos que norteiam a conduta dos pais. Sabemos que a mitologia familiar é importante, pois confere senso de união à família. Muitas vezes, quando uma crença é questionada, pode haver a ameaça de uma ruptura na família se o jovem resolver se abrir para o que é diferente. O diferente não pode, portanto, ter lugar ou se expressar. Aqui, nossa atenção se volta para a reconfiguração dos valores e mitos. Colocamos uma lente sobre eles, resgatamos e validamos suas principais diretrizes tentando compreender seu sentido no contexto em que foram gerados e comparamos à situação de hoje, atualizamos nosso ponto de vista separando o que é fundamental do que pode ser transformado e adaptado para este momento. Esse processo é compartilhado e percorrido por todos os presentes: membros da família e eu.

Uma família pode compartilhar a cultura, por exemplo, de que é o trabalho dos executivos nas grandes empresas que move a vida na Terra, e cultuar seus heróis antepassados que desbravaram sertões ou construíram grandes empreendimentos. Nesse caso, os pais podem sofrer bastante quando o filho adolescente apresenta baixo rendimento escolar, não consegue dar conta das tarefas diárias etc. Diante desse constrangimento como figura principal, os pais talvez não tenham tido ainda a oportunidade de perceber nesse filho outras habilidades que, se desenvolvidas, podem abrir novas portas para caminhos que tragam muito mais satisfação.

Quando, por outro lado, detecto que há, devido à insegurança por parte dos pais, superproteção e controle exagerado destes sobre o comportamento dos filhos, levanto a hipótese de que foi desenvolvido (por ambos ou por apenas um deles), segundo a teoria do apego elaborada por Bowlby (1955), um modelo relacional representado por uma figura de apego ansioso ambivalente (Fernandes *et al.*, 2000).

Nesse caso, só o modelo conhecido que foi experimentado é percebido como o caminho seguro. Geralmente, esse caminho foi percorrido em estado de alerta e vigilância constante. De qualquer maneira, seja por esse ou por outro motivo, percebo que se trata de um campo vulnerável, como um terreno minado ou um vaso de cristal. É preciso muita delicadeza e cuidado, seja para desarmar as minas, seja para manejar o vaso. Aqui, creio que a missão do psicólogo é dar suporte, estabelecer uma relação de muita confiança entre cliente e terapeuta, enfim, oferecer-se como uma figura de apego seguro para que esses pais possam ousar arriscar-se a conviver com o novo e o diferente.

Muitos autores, como Rosset (*apud* Osório e Valle, 2009, p. 264), chamam a atenção para a adolescência estendida, fenômeno da atualidade no qual os jovens permanecem em casa sem trabalhar, ainda dependentes dos pais, embora sejam cronologicamente adultos. Nesses casos, criam-se alguns círculos viciosos, tais como: os filhos, para justificar essa situação, usam argumentos como "Estou me preparando". Quando os pais aceitam essas "justificativas" e se veem sobrecarregados com gastos e responsabilidades acumuladas sem que tenham mais idade para tal, de alguma maneira cobram melhor desempenho profissional dos filhos. Estes, por sua vez, com baixa autoestima e sem autoconfiança, tomam atitudes cada vez mais defensivas e permanecem dependentes. Assim, o padrão se mantém.

Em situações como essas, penso que a função do psicoterapeuta é trazer o foco para a perspectiva sistêmica, pois existe sofrimento na posição ocupada pelos membros da família. Ao valorizar a relação dialógica, o Gestalt-terapeuta tem na confirmação uma ferramenta de trabalho. Cabe a ele confirmar não só o sofrimento como também os recursos que percebe tanto nos pais quanto nos filhos. À medida que cada um se defronta com o reconhecimento de seus próprios limites e possibilidades em um clima que não é mais de cobrança, mas de respeito e acolhimento pela pessoa que é, pode olhar para o sofrimento do outro e admitir que esse jeito de funcionar prejudica a todos.

Assim, de posse de uma compreensão mais ampliada do funcionamento do sistema, a família pode sentir-se encorajada a experimentar mudanças. Conseguem se reorganizar agora não mais em campos antagônicos, mas no mesmo campo, formando uma unidade. Convém salientar que quando os padrões de comportamento e relacionamento estão cristalizados é muito difícil mudar. É importante confrontar informações, validar a expressão de sentimentos em um território seguro e sem agressão. Trata-se de um processo lento que demanda que se caminhe passo a passo.

Outro estilo de funcionamento apontado por Zinker (2001) são os sistemas frouxos, que ele denomina famílias desorganizadas, ou seja, verdadeiras comunidades recreativas nas quais as fronteiras externas são frouxas demais. Embora à primeira vista essa convivência pareça bastante prazerosa, pode haver muito sofrimento não explícito. Segundo o autor, nessas famílias as crianças podem ser negligenciadas física ou psicologicamente. "Ninguém dedica tempo para perguntar sobre a vida, o trabalho, o desempenho escolar ou os relacionamentos importantes do outro. Os adultos ficam separados uns dos outros e das crianças" (*ibidem*, p. 79). Afirma que os membros dessas famílias ficam famintos de atenção dos amigos, professores ou vizinhos, pois na falta de atenção em casa buscam fora. Na adolescência, é muito comum que seus protagonistas vivam em bandos. Carentes de orientação e cuidados, sem ter de arcar com responsabilidades, com a liberdade de ir e vir sem prestar contas a ninguém, podem facilmente deslizar para a delinquência ou se colocar em confronto com a lei.

Penso que é importante verificar se essa família interage tendo internalizado o que Bowlby (1955) denomina "apego evitador". Nesse caso, sabemos que são pessoas que foram criadas sentindo-se indesejadas ou mesmo rejeitadas, sem proximidade física ou sem manter vínculos de intimidade com as pessoas próximas ou com seus cuidadores. Internalizaram que não são merecedores de afeto. Quando detecto traços desse tipo na configuração familiar, acredito ser essencial reconhecer o esforço que vêm fazendo para manter os vínculos familiares, ainda que frouxos, e resgatar seu valor na condição de pais que podem desenvolver maior atenção aos filhos. Pergunto sobre como percebem os filhos em diferentes situações ou como imaginam que eles se sentem diante dos acontecimentos que evocam durante a sessão. Peço que relatem fatos concretos, que descrevam minúcias, e assim vão aguçando sua percepção para fatores que antes passavam despercebidos. A atenção confere melhor qualidade ao contato e oferece consistência à interação entre os membros da família.

Como a abordagem gestáltica prioriza o respeito na relação terapêutica, esse respeito experimentado durante as sessões pode permear também as relações familiares. Nesse sentido, acredito que faz toda a diferença quando percebem meu afeto e minha torcida por eles. Uma vez conquistado o valor da troca afetiva, penso que é importante abrir o diálogo para a responsabilidade de cada um na escolha da atitude que toma quando solicita ou reage às demandas dos outros membros da família. Cada gesto, cada olhar, cada palavra, cada escolha tem sua consequência e seu valor na composição do todo familiar. Uma vez que a interação no seio da família vai se tornando mais nutritiva e coesa, as fronteiras externas ficam mais rígidas e seletivas.

Outro aspecto relevante a ser analisado é como transcorrem os **processos** de desenvolvimento pessoal e grupal nas famílias. O que flui e quais os impasses, bloqueios ou interrupções impedem que o fluxo do contato (em outras palavras, o fluxo de formação e destruição de *Gestalten*) se concretize chegando a bom termo e trazendo satisfação. Convém considerar *quando é que* um impulso é desviado do seu curso natural e convertido para outra direção. Trago aqui a análise clássica que fazem os Gestalt-terapeutas quando consideram o ciclo do contato e suas interrupções.

Se o bloqueio se dá na fase inicial, isto é, se as figuras não emergem, creio que o comportamento manifesto apresenta certa apatia, pior, falta de curiosidade, de desejo, de ter pelo que viver. São características muitas vezes encontradas nos quadros depressivos, que a meu ver coincidem com traços desenhados pela cultura consumista na qual estamos imersos. Essa cultura, ao valorizar o "ter" e preterir o "ser", cultiva o hábito de gerar miríades de pequenas ou grandes necessidades, não raro artificiais, a fim de mobilizar os indivíduos a consumir uma série de produtos que prometem trazer "felicidade", "alegrias" (muitas vezes fugazes), "poder", "fama" etc.

Nesse caso, os apelos ou estímulos são tantos que as figuras se sobrepõem umas às outras e não chegam a criar um contorno definido que realce uma figura a ponto de ela ser devidamente apreciada, desejada, investida de energia e busca por um contato nutritivo. Paradoxalmente, o excesso de oferta mata o desejo, a principal mola propulsora para a ação. Ora, as famílias vivem em comunhão com a cultura na qual estão inseridas. Tanto interferem nos rumos que trilha a sociedade quanto tendem a repetir o padrão que esta constrói. Assim, muitas famílias proporcionam a seus filhos bens de consumo de última geração e uma série de atividades diferentes que trazem experiências "sensacionais", e os pais não compreendem por que seus rebentos se mostram apáticos, *blasées*, deprimidos e desanimados.

Creio que esse aspecto vigente em nossa cultura não leva em conta uma das principais características do tempo da juventude: sonhar, desejar e esperar. Sonhar é preciso, e o sonho traz a idealização de algo a ser efetuado; desejar é intensificar o sonho, carregá-lo de tintas, cores, afetos, formas, intenções. É investir-se da energia necessária para realizá-lo. Esperar é confiar nos elementos e recursos disponíveis para que o sonho chegue à boa forma, se torne presente, se concretize.

Quando os filhos estão deprimidos ou desmotivados, na contramão do que é esperado na sua faixa etária, penso que um bom caminho é auxiliá-los a desembaralhar e liberar as figuras que ou estão retidas ou não foram contornadas o suficiente para ser identificadas e apropriadas. Por outro lado, é comum deparar com uma polarização na qual os pais se mostram muito empreendedores e os filhos apáticos ou desanimados. Nesse caso, o trabalho se volta para o sistema como um todo e são recomendados experimentos com polaridades. Colocar-se no lugar do outro, ver o mundo de cabeça para baixo, trazer o inusitado podem ser elementos úteis para que se quebre um padrão e novas perspectivas e possibilidades emerjam.

Seguindo o ciclo do contato, se a interrupção do ciclo se dá na fase da intensificação da *awareness*, a comunicação na família encontra-se prejudicada, pois seus membros não têm clareza de seus desejos, restrições, funções ou posições. Se minha mãe nos anos 1960 aconselhava que fizéssemos tudo "devagar e benfeito", hoje as tantas solicitações do cotidiano demandam que façamos tudo depressa e, consequentemente, de qualquer jeito. Creio que um dos principais fatores nas relações entre pais e filhos que devem ser experimentados ao longo das sessões é trabalhar a transparência e a clareza na exposição das ideias, seja entre pais e filhos seja entre terapeuta e clientes. Acredito que é preciso muita reflexão para que isso aconteça, pois clareza na exposição das ideias implica clareza nas percepções. Para tal, é necessário aprimorar as funções de contato, integrar percepções, refletir e desenvolver recursos expressivos que priorizem a precisão.

Quando o adolescente deixa que seus sonhos aflorem, tem consciência de suas necessidades, mas não mobiliza energia para sair em busca do contato com aquilo que pode atender à sua demanda, há uma interrupção do contato entre o *querer* e o *fazer*. A energia gerada pelo desejo, nesse caso, ou fica retida ou não é mobilizada o bastante para mover o indivíduo rumo à ação.

Na primeira situação, sem uma canalização adequada, a energia pode ficar reverberando no organismo. Hoje, fico impressionada com a grande quantidade de adolescentes que sofrem de gastrite, ou apresentam problemas na pele, enxaqueca ou outros sintomas psicossomáticos. Como os sinais apontam para uma disfunção na integração corpo/mente, penso que os cuidados também devem estar voltados para as duas direções. Nesse sentido, apoio ou mesmo sugiro que os pais levem seus filhos ao médico para obter um bom diagnóstico e receber tratamento adequado. Exercícios físicos e esportes, além da psicoterapia, são recomendáveis.

As sessões de aconselhamento devem auxiliar os pais a compreender essa situação e encorajá-los na construção do suporte necessário para que as defesas possam ser dissolvidas, e a energia represada seja liberada e canalizada para uma ação que traga satisfação. Não é fácil estar atento para compreender o filho nessa fase tão conturbada de sua vida e dizer a palavra certa na hora oportuna, guardando a posição de pais sem se omitir nem invadir. Se o adolescente se sente confirmado e compreendido, no entanto, no momento adequado ele pode se abrir. Nunca vou me esquecer do depoimento de uma amiga que em um período de sua adolescência ficou muda, não falava com ninguém. Contou emocionada como foi preciosa a atitude de seu pai que, todos os dias, quando chegava do trabalho, entrava em seu quarto, sentava-se em uma poltrona e ali permanecia por algum tempo, também em silêncio. Penso que com esse gesto aparentemente tão simples ele procurou entrar no mundo da filha, estar presente, persistente e fazer o que era possível e permitido.

Na outra situação, quando a energia não é mobilizada o suficiente para concretizar a ação, creio que é necessário inicialmente incentivar os pais a levar seus filhos a um clínico geral. Hoje, como muitos adolescentes alimentam-se mal, apresentam anemia ou problemas endócrinos, temos de estar atentos para questões que envolvam aspectos interdisciplinares. O atendimento psicológico requer outros cuidados: identificar qual é a dor psíquica, que tipo de defesa o adolescente desenvolveu para lidar com a frustração de não conseguir realizar seu desejo. O devaneio (ou sonhar acordado) é bastante comum nessa idade, de tal sorte que muitos adolescentes consomem sua energia na satisfação imaginária ou até mesmo virtual, sem investi-la no trabalho de desenvolver conhecimentos, habilidades, *expertises* ou maneiras criativas de conquistar ou construir aquilo que realmente pode trazer alegrias.

Cabe aos pais proporcionar condições para que seus filhos experimentem passo a passo, na vida real, traçar o caminho em busca de um objetivo que esteja sintonizado com seu sonho ou desejo. Por exemplo, se a menina tem fantasias voltadas para "ser uma celebridade", é importante que o adulto saiba reconhecer seu talento e ajude a filha a engendrar situações prazerosas ligadas a essa atividade, e não ofereça apenas um treinamento regular na área desejada. Digamos que o talento seja uma tendência para determinado esporte. Nesse caso, o adulto poderia oferecer apoio com atitudes como mostrar interesse pelas partidas nas quais participa, dar condições para que frequente um clube, ajudá-la a receber seus amigos esportistas, levá-la a torneios em várias cidades, proporcionar férias em acampamentos, enfim, auxiliá-la a investir sua energia conectada a uma motivação importante que fortaleça sua autoestima e seu senso de potência.

Quando a interrupção do ciclo do contato ocorre no momento mesmo do contato, isto é, quando o indivíduo se dá conta da sua necessidade, mobiliza sua energia e toca o objeto que realiza o seu desejo, mas não se satisfaz ou não se apropria do que fez e aprendeu, há também uma disfunção que pode trazer sofrimento. O sofrimento, aqui, é decorrente da falta de apropriação do contato alcançado. A satisfação se esvai "por entre os dedos" e a pessoa não consegue se nutrir daquilo que acabou de experimentar.

Peço auxílio à metáfora do bebê institucionalizado para ilustrar essa passagem. Em uma instituição social na qual os bebês ficavam internados dispostos em quartos com 50 leitos, alguns dos bebês que recebiam a quantidade de leite adequada à sua idade não conseguiam ganhar peso nem crescer, isto é, alimentavam-se e não se nutriam. Para algumas dessas crianças, esse foi o início de um processo que culminou em óbito. O quadro se reverteu quando o serviço social destacou voluntários para interagir especificamente com cada um desses bebês considerados em situação de risco.

Embora o momento da adolescência (e também o da vida adulta) seja diverso, percebo que nós, seres humanos, necessitamos visceralmente uns dos outros para nos apropriar do alimento afetivo que ingerimos na convivência diária e dele nos nutrirmos. Ressalto, portanto, a importância da confirmação, de um olhar afetuoso, ou admirativo[2], de uma palavra que atue como um espelho e faça a imagem retornar com outro efeito para a própria pessoa, ajudando-a a tomar posse de sua própria imagem.

Em minha experiência clínica (considerando a cultura da culpa, na qual centenas de adultos de hoje foram criados), muitas vezes deparo com situações nas quais os pais se perguntam: "Mas onde foi que eu errei?" Quando percebo que essa pergunta emerge como figura diante do que sentem como fracasso ou frustração porque o filho adolescente tomou um rumo diverso daquele que desejavam, penso que é necessário fazer uma retrospectiva, validar não só o caminho que percorreram procurando oferecer uma boa educação como também a ousadia do filho que se propõe a trilhar seu próprio caminho mesmo que este seja diferente daquele que foi escolhido pelos pais (desde que tal caminho não envolva fatores que ponham sua saúde ou sua vida em risco). Por outro lado, a determinação do filho em afirmar sua identidade e traçar seu próprio caminho, em muitas circunstâncias, pode até mesmo conferir competência aos pais, que, de certo modo, podem tê-lo orientado de forma a oferecer o suporte necessário para que ele adquirisse segurança e saísse em busca da realização do seu intento.

---

2. A esse respeito, Miriam May Philippi e Jorge Ponciano Ribeiro publicaram um lindo artigo: "Gestalt com famílias: o resgate do olhar admirativo" (veja as Referências bibliográficas).

Existe ainda outra situação apontada pelos gestaltistas, quando a interrupção no ciclo se dá após o contato e o organismo não entra em retração. Nesse caso, o indivíduo não descansa e não usufrui o tempo indispensável de retração, que é fértil para que novas figuras, desejos ou necessidades venham a emergir com nitidez e força. Penso que esse momento de distensão e relaxamento é importante para que ocorra uma autorregulação saudável do organismo. Como quando não dormimos o sono justo de cada dia e acumulamos uma sobrecarga para as atividades do dia seguinte, aqui também a atenção fica dispersa, sobrevém a estafa, a energia não é canalizada adequadamente, enfim, não há disponibilidade para que a interação com as pessoas alcance a qualidade almejada durante os afazeres da vida cotidiana.

São inúmeras as variáveis que interferem impedindo que esse momento de retração ocorra a contento. Por parte dos adolescentes, é muito comum que se conectem de tal forma a determinados prazeres e em contrapartida julguem-se tão fortes e superpoderosos que não avaliam sua vulnerabilidade. Como consequência, excedem sua capacidade física e chegam até a ficar doentes nessas circunstâncias. Quando isso ocorre, muitas vezes é necessário que os pais intervenham e coloquem limites a fim de garantir a autorregulação.

Lembro-me de que costumávamos passar as férias de inverno em Campos do Jordão quando minhas filhas eram adolescentes. Levavam sempre várias amigas e o grande programa noturno era a danceteria. Dançavam e saíam naquele frio com o corpo ainda quente. O resultado era gripe na certa, com febre alta e passeio estragado. Até que estabeleci a regra: danceteria só duas vezes por semana. Resultado: ninguém mais ficou doente e as férias todas foram muito bem aproveitadas.

Convém notar também outro fator: como o adolescente geralmente primeiro experimenta para depois refletir sobre sua experiência, é importante que os pais acompanhem-no nesse processo para que aprenda a se cuidar. Um exemplo pode ser a experiência que têm com a ingestão de bebidas alcoólicas. Experimentam beber, um copo atrás do outro, até passar mal. Muitos acabam no pronto-socorro "para tomar uma injeção de glicose na veia". Quando os pais estão atentos, orientam seus filhos de tal modo que eles ultrapassam essa fase levando consigo novo aprendizado. Por outro lado, sem a orientação firme e criteriosa dos pais, é nesse momento que eles adquirem hábitos, muitos dos quais indesejáveis, que vão perdurar por toda a vida.

Citei aqui somente algumas balizas que me orientam na compreensão da dinâmica do relacionamento entre pais e adolescentes. Saliento que cada família é única e nos convida a percorrer com seus integrantes um caminho absolutamente singular. Meu intento aqui foi compartilhar experiências e trazer algumas ideias que você, leitor, possa tomar como inspiração ao seguir seu rumo.

HÁBITOS PARA MANTER A FAMÍLIA UNIDA DURANTE A ADOLESCÊNCIA DOS FILHOS

Para finalizar, trago e comento, agora, um recorte de uma matéria publicada pelo UOL em comemoração ao dia da família com dicas sobre "hábitos para manter a família unida". Para a construção das dicas, foram consultados, pela repórter do UOL, o psiquiatra Paulo Zampieri e as psicólogas Eliana Alves e Michelle da Silveira.

Respeitar os limites de cada um. Respeitar as diferenças, o jeito de cada um, desde que não sejam peculiaridades preocupantes.

O adolescente testa seus limites, constrói seu estilo de personalidade por meio do reconhecimento de suas diferenças. Os pais têm mais consciência do porvir e do que existe e pode ser encontrado no caminho a ser percorrido. Eles podem informar, aconselhar, impor limites ou sanções quando o filho transgride uma regra, pois essa é sua função, porém respeitando perfeitamente a pessoa do seu filho. Infelizmente, encontro muitos adultos hoje que ao "corrigir" uma atitude do filho desqualificam-no, trazendo mais malefícios que benefícios. Por outro lado, alguns adultos, inclusive professores, pensam que respeitar é ceder aos desejos e às demandas dos jovens, mesmo que representem uma tirania. Ouvir, então, significa fazer o que eles querem. Costumo dizer que respeito é bom e todos gostam, e acredito que é um desafio desenvolver a arte de ouvir, refletir, concordar ou discordar, incentivar ou restringir e impor limites; enfim, responder priorizando o respeito às características específicas de cada um, à vida, ao outro e a si próprio.

Priorizar o bom humor. Encarar os conflitos com mais disposição em vez de evitá-los ou de se desgastar com as dificuldades corriqueiras do dia a dia.

Estudos sobre resiliência apontam a habilidade de lidar com os infortúnios com bom humor como um dos fatores de proteção para o indivíduo, pois o humor propicia certo distanciamento da situação adversa, o que auxilia a enxergar por outro ângulo o mesmo fato ou aquilo que incomoda, oferecendo novas oportunidades de superação. Quero salientar, no entanto, que muitas vezes o adolescente procura o humor como uma forma de se dirigir aos colegas e amigos, buscando uma aproximação sem muito compromisso afetivo. Existe, porém, uma diferença notória entre o humor respeitoso, que traz certo alento, e o humor desrespeitoso, até mesmo o *bullying*, que constrange diante dos demais, desqualifica, interrompe, denegrindo a autoestima.

Cozinhar em conjunto. Cozinhar é um ato criativo que pode englobar a participação complementar de todos. Além da cozinha, outras tarefas diárias e atividades domésticas também podem ser utilizadas para compensar a falta de tempo característica dos dias de hoje, pois auxiliam a criação de espaços que propiciam a construção e sedimentação dos vínculos familiares.

Os adolescentes experimentam criar, inovar, desenvolver habilidades, e é importante quando todos podem compartilhar momentos em que eles toquem um instrumento e todos cantem, em que pais, filhos e convidados se deliciem com o bolo que um deles acabou de fazer, ou em que preparem juntos a decoração da festa, enfim, que o produto da criação do adolescente seja apreciado e valorizado.

Incentivar o diálogo. Uma boa maneira de iniciar um diálogo, por exemplo, é pedir aos avós que contem sobre a vida deles, como se uniram, quais eram os costumes, e assim por diante.

Essas histórias lançam uma luz sobre aqueles que são considerados os heróis da família, inspirando as gerações vindouras e conferindo a esta um senso de unidade. Por outro lado, ouvir o outro e poder expressar sentimentos e emoções requer certas habilidades na comunicação. A começar pelo aperfeiçoamento da dicção e do uso da língua portuguesa para ter clareza do que se deseja transmitir. Insisto em repetir aos professores de português do ensino fundamental e médio que eles não têm noção de quanto a disciplina que ministram é importante para o desenvolvimento afetivo-emocional de seus alunos. Uma das variáveis (entre outras) que se encontram comprometidas em boa parte dos quadros de transtornos psíquicos envolve disfunções na área da comunicação. Quem não se expressa com precisão corre o risco de não ser compreendido, o que gera sensação de falta de sintonia, não pertencimento etc. Uma boa dica, em caso de dúvida, é sempre conferir se aquele que recebeu a mensagem entendeu exatamente a intenção de quem comunicou.

Criar momentos de lazer com todos. Por ocasião da adolescência, os filhos tendem a se afastar e se interessar mais pela convivência com os amigos. Entretanto, se houve tempo para lazer em comum durante a infância, esse companheirismo pode ser retomado na vida adulta.

Existem alguns programas educativos para adolescentes que englobam em alguma medida a participação dos pais. Algumas comunidades, sobretudo religiosas, também proporcionam atividades que em certos momentos incluem a participação conjunta de pais e filhos. Assim, convivem socialmente as duas gerações em um clima natural e de cordialidade.

Procurar estar disponível. Dar atenção, ouvir e mostrar-se disponível de forma declarada dizendo "Conte comigo", "Se precisar, estou aqui". Essas frases ajudam os filhos a encontrar um momento de poder falar. É importante, no entanto, que eles não se sintam pressionados a isso.

Evitar que a rotina estressada e agitada interfira no contato familiar. Deixar para trás, ao chegar em casa, as preocupações do trabalho pode indicar valorização do contato, é uma afirmação de que a família é importante para aquela pessoa.

Quero salientar, aqui, a relevância ainda presente da função materna – mesmo que seja exercida pelo pai – para cuidar de um ambiente acolhedor e caloroso, mesmo (e sobretudo) nos dias de hoje.

Investir no afeto. Carinho, abraço, enfim, manifestações de afeto por meio do contato físico fortalecem a ligação afetiva e aproximam as pessoas, favorecendo uma relação de respeito e tolerância entre elas.

É muito comum, durante essa fase, o adolescente não permitir aos pais uma aproximação física. Penso que os pais devem respeitar o limite colocado pelos filhos, mas não desistir de investir na veiculação do afeto que existe entre eles. Lembro que, quando minhas filhas adolescentes apresentaram esse comportamento, não desanimei em procurar o contato físico possível. Encontrei um livro, *Histórias que os pés contam*, que propunha massagens nos pontos dos pés que correspondiam a determinadas partes do corpo. Deu certo. A massagem não só era permitida como solicitada por elas nas horas de descanso, proporcionando momentos de intimidade e trocas afetivas entre nós.

Lembrar-se de estreitar os vínculos sempre, em vez de esperar os finais de semana ou deixar para depois. Michelle da Silveira afirma que "com maior tempo para interação as pessoas poderão se conhecer melhor, agregar pontos positivos da outra pessoa, descobrir afinidades e, a partir daí, estreitar os laços que podem levar à construção de vínculos mais estáveis".

Reconhecer os próprios erros. Esse comportamento é uma forma de validar a reflexão, mostrar que a flexibilidade pode gerar confiança na pessoa com a qual se relaciona.

É também dar um testemunho de transparência e coragem de ser quem é, preservando o respeito e a dignidade, mesmo quando reconhecendo a falibilidade.

Criar momentos a sós com cada um. Favorece a intimidade, a confiança e a sensação de que cada um é especial para o outro.

Dar o bom exemplo. O bom exemplo está vinculado sobretudo à coerência que os pais demonstram entre o discurso e a ação. Os adolescentes são muito críticos, atentos, depuram aquilo que lhes serve como modelo do que desejam ou não desenvolver. À medida que avançam para a vida adulta, o exemplo passa a falar mais que as palavras e, embora nem tudo seja dito, pode gerar nos filhos um senso de admiração.

REFERÊNCIAS BIBLIOGRÁFICAS

Bowlby, J. *Apego*. São Paulo: Martins Fontes, 1955. (Trilogia Apego, Separação e Perda, v. 1).

Calligaris, C. *A adolescência*. 2. ed. São Paulo: Publifolha, 2009.

Fernandes, M. B. et al. "Figuras de apego: matriz dos vínculos afetivos". *Revista de Gestalt*, São Paulo, Departamento de Gestalt-terapia do Instituto Sedes Sapientiae, n. 9, 2000, p. 17-23.

Gonçalves, L. "Doze hábitos ajudam a manter a família unida". UOL, 15 maio 2011. Disponível em: <http://minhavida.uol.com.br/familia/galerias/13248-12-habitos-ajudam-a-manter-a-familia-unida#.URgJ7h1EGSo>. Acesso em: 5/2/2013.

Osório, L. C.; Valle, M. E. P. do (orgs.). *Manual de terapia familiar*. Porto Alegre: Artmed, 2009.

PHILIPPI, M. M.; RIBEIRO, J. P. "Gestalt com famílias: o resgate do olhar admirativo". *Revista Sampa GT*, São Paulo, Instituto Gestalt de São Paulo, n. 3, 2006.

RIERA, M. *Filhos adolescentes*. São Paulo: Summus, 1998.

ZINKER, J. C. *A busca da elegância em psicoterapia – Uma abordagem gestáltica com casais, famílias e sistemas íntimos*. São Paulo: Summus, 2001.

3

ATENDENDO ADOLESCENTES NA CONTEMPORANEIDADE

ROSANA ZANELLA
MARIA ESTELA BENEDETTI ZANINI

De todos os ciclos da vida, a adolescência é, sem dúvida, o período mais repleto de paradoxos. Não ser criança, mas ainda não ser adulto. Ter confiança em seus pais e ao mesmo tempo questioná-los. Querer ser independente, mas ter medo de arriscar-se. Apaixonar-se e ficar com vergonha de revelar esse sentimento. Querer dinheiro para a balada, mas ter receio de pedir. Querer dinheiro para suas coisas e impor seu desejo aos pais. Com quem falar?

Se os pais estranham esse novo modo de ser, para o adolescente, por sua vez, ficar sozinho e não compartilhar segredos faz parte de um período de semirreclusão. Como diz Içami Tiba, especialista em adolescentes, "Antes só do que mãe acompanhado".

Adolescência é uma fase de reencontro com o eu, de atualização corporal, de descobertas e escolhas, de frustrações e surpresas, de sexualidade aflorada, de ousadia. Se o adolescente até então ansiava pelo carinho dos pais, agora pequenos gestos como levá-lo à escola ou acompanhá-lo ao shopping podem não ser tolerados pelos jovens. Estar e sentir-se sozinho pode revelar sim um estranhamento, um período de reclusão para um acomodamento de tantas transformações.

Na essência do pensamento adolescente, a palavra de ordem é rebelar. Rebelar-se contra seu próprio eu, costumes, pais, professores e, de modo geral, tudo que diz respeito ao mundo dos adultos, pois esse é um momento de transformação. Faz parte desse período de desenvolvimento exercer seu ajustamento criativo às mudanças que se apresentam. A música "Rebelde sem causa", do grupo Ultraje a Rigor, é um bom exemplo disso. Embora date da década de 1980, ela se revela atemporal, pois entrar na fase adolescente implica rever e alterar comportamentos, crenças, mitos e, é claro, seu próprio corpo. Entre outras coisas, a música diz: "Meus pais não querem/Que eu fique legal/Meus pais não querem/Que eu seja um cara normal". Ela retrata o desejo de crescimento cerceado pela compreensão dos pais: "Como é que eu vou crescer sem ter com quem me rebelar". Ser adolescente implica ter novos conceitos; implica ser, de preferência, diferente dos pais. É preciso ir contra para alterar e incorporar novos elementos em seu mundo.

Escrever sobre adolescentes requer, além de nossa atualização como terapeutas e educadores, a atualização de nosso próprio mundo. Torna necessário, também, exercitarmos nosso ajustamento criativo. Relembrar nossa adolescência é revisitar uma fase de nossa vida permeada de descobertas, rebeldia, acomodações, sonhos possíveis e impossíveis, ousadia e angústias.

Adolescência e pré-adolescência são etapas da vida muito aguardadas por várias crianças. Tenho um pequeno cliente de 7 anos que diz que já é pré-adolescente porque não toma mais leite com chocolate e sim café com leite. Ao perguntar a ele o que é um adolescente, veio prontamente a resposta: "Adolescente é aborrecente". Imaginamos que, quando tomar *cappuccino*, vai dizer que já é adolescente, não importando a idade! Outras crianças, por sua vez, perguntam aos pais o que estes faziam quando eram adolescentes, demonstrando o desejo de logo chegar a essa fase. As meninas com a expectativa da menstruação, os meninos com as mudanças na voz – enfim, ambos se veem às voltas com preocupações quanto às mudanças corporais, ao surgimento dos caracteres sexuais secundários.

A chegada à adolescência implica um desejo de crescer, de liberdade, de experimentar coisas "proibidas para menores". O desejo de fazer 18 anos e poder dirigir sinaliza um marco, uma passagem. Rituais que indicam a entrada na adolescência não faltam. Antigamente, os meninos ao fazer 18 anos recebiam a chave de casa, um símbolo cultural de crescimento. Ainda hoje existem os bailes de debutantes, nos quais as moças são "apresentadas à sociedade" aos 15 anos – as festas estão cada vez mais sofisticadas, as meninas trocam três vezes de vestido, contratam DJs e artistas famosos para seu *début*. Os 15 e os 18 anos continuam sendo os mais aguardados pelos adolescentes. Poder votar, dirigir e escolher uma carreira possibilita uma autonomia até então não experimentada. Autonomia essa que, ao mesmo tempo que encanta e desafia, também provoca receios.

De acordo com a Gestalt-terapia, o campo organismo/meio se modifica com o crescimento: os adolescentes vivem novos sentimentos e significados. "Muitos traços e atitudes das crianças deixam de ser importantes; e há traços adultos que são novos, porque o aumento da força, do conhecimento, da fertilidade e da habilidade técnica constitui de fato, progressivamente, um novo todo" (Perls *et al.*, 1997, p. 113). É esse novo *todo*, essa nova configuração, que nos desafia como terapeutas e educadores.

COMPREENDENDO A ADOLESCÊNCIA

Tellegen (1982, p. 81) nos dá uma linda definição de homem para a Gestalt:

> O homem, ser-no-mundo, sujeito de sua existência em busca de sua verdade criativamente transformando seu mundo, e sendo transformado por ele, debatendo-se em contradições, divisões e confissões, enroscando-se em estereótipos e paralisando-se em repetições ao longo do caminho.

Ousamos parafraseá-la, adaptando o conceito para a adolescência:

O adolescente, ser-no-mundo (sua família, sua escola, seus professores, seus amigos, os esportes, as baladas que frequenta etc.), sujeito de sua existência (suas escolhas: namorado/a, futura profissão, grupo de amigos, músicas etc.), em busca de sua verdade (quem sou eu, que não sou criança nem adulto, estou descobrindo minha sexualidade, devo escolher minha futura profissão...), criativamente transformando seu mundo e sendo transformado por ele (criando um novo estilo de roupas, de costumes...), debatendo-se em contradições (discordar ou não dos pais e dos valores da infância), confluências, introjeções e diferenciações, enroscando-se em estereótipos e paralisando-se em repetições ao longo do caminho.

Diferentemente de outras etapas da vida, o período que vai dos 13 aos 18 anos é repleto de mudanças corporais, emocionais, intelectivas e sociais. A imagem corpórea engloba agora os caracteres sexuais secundários, e os adolescentes reagem de maneira distinta a essas mudanças e à explosão hormonal. O primeiro sutiã e a menstruação para as meninas, bem como o começo de crescimento da barba e a mudança de voz para os meninos, são sinais visíveis que provocam estranhamento nos adolescentes: vergonha, exibicionismo ou introversão. Um grupo de professores do ensino médio do colégio Bandeirantes, em São Paulo, realizou observações e reflexões a respeito de seus alunos adolescentes, que a seguir descrevemos.

Entre os 12 e os 13 anos geralmente acontecem a menarca (a primeira menstruação) e a semenarca (a primeira ejaculação com sêmen). Nessa fase, o corpo está em processo de mudança: os braços e as pernas ficam subitamente longos, a voz dos meninos muda, a pele fica cheia de acne e os odores corporais são mais acentuados – enfim, os adolescentes passam a ter um corpo desproporcional e desajeitado... Os meninos estão na etapa final de contato corporal agressivo (brincadeiras de luta) com os colegas e em fase de masturbação intensa. As meninas ganham formas femininas.

Nessa idade, como os adolescentes têm grande dificuldade de abstração, necessitam de conceitos concretos. São questionadores e curiosos, mas têm dificuldade de se concentrar nas explicações, sintetizar e organizar informações; têm criatividade ilimitada, apesar de aparentar apatia e desinteresse. Os adolescentes de 13 anos agem em função do prazer e do desprazer, isto é, só gostam do que lhes agrada e detestam o que não lhes dá prazer imediato: pais, professores, deveres... Por isso, têm preferência por atividades externas à rotina, as quais podem proporcionar momentos de liberdade e fuga de tarefas.

Nessa faixa etária, os jovens entendem que o tempo deve ser ocupado com atividades prazerosas ou sem qualquer tipo de cobrança. Essa idade se caracteriza pela falta de noção de temporalidade e pela fantasia extremada. Atividades que tenham como fundamento uma recompensa futura não interessam, nem sequer são compreendidas como tal. Nessa fase, contam as atividades que permitem a fuga da realidade, pois o adolescente de 13 anos é tímido com a realidade, que o assusta e o faz fugir para o mundo da ilusão e do sonho. Uma vez que o mundo é percebido como complicado e gerador de insegurança, os meninos e meninas nessa idade tendem a ver um único lado nas situações cotidianas, apegando-se a seus valores e às poucas informações que têm. A atitude diante do mundo se caracteriza pela onipotência, que desconsidera os obstáculos reais e supervaloriza as capacidades na busca de independência.

Nessa fase, a opinião do grupo é extremamente valorizada, em detrimento da dos pais e adultos em geral, mesmo em detrimento das opiniões individuais. A competição dentro do grupo é motivada pela busca de valorização. Atualmente, a frouxa presença dos pais tira dos adolescentes o referencial seguro de sua origem e localização espacial, bem como das regras de convivência social. O isolamento necessário para a busca da identidade passa a significar uma barreira intransponível para os pais, que, por dificuldade ou por falta de vontade, deixam de penetrar no mundo solitário do filho, que fica ainda mais refratário a ordens, ao convívio com o diferente.

Entre 14 e 15 anos, os caracteres sexuais secundários se definem, aparecem os pelos nos meninos e as meninas ganham contornos arredondados nos seios e nos quadris. Meninos e meninas nessa idade apresentam grande disparidade física, pois a maioria das garotas já tem corpo de moça, ao passo que a maior parte dos meninos está ainda em plena transformação – alguns parecem mais "moços"; outros, por sua vez, ainda têm aparência de criança.

Nessa fase, os adolescentes oscilam entre a falta de concentração e a perspicácia para assimilar informações novas, assim como alternam o pensamento concreto e o abstrato. Quando conseguem dominar um campo de informações, sentem-se mais confiantes e demonstram grande prazer em aprender, mas as dificuldades tendem a contribuir para o desânimo. Os adolescentes muitas vezes agem como a raposa da fábula que desdenhou as uvas que não alcançou, alegando estarem verdes. Em geral, costumam externar opiniões "chocantes" sobre o mundo. Mesmo que, de fato, não acreditem nelas, manifestá-las é um modo de testar sua capacidade de opinar diante do grupo e dos adultos. Começam a desenvolver a capacidade de argumentação.

A idade dos 15 anos é marcada por um sentimento dramático e romântico do mundo, isto é, a sensibilidade adolescente oscila entre momentos de euforia e de melancolia, nos quais as experiências de prazer e dor são supervalorizadas. Por isso, pode-se identificar o adolescente dessa idade com o herói trágico que sonha com a utopia e sofre em nome dela. O egocentrismo adolescente se reflete no comportamento contraditório: muitos querem ser escutados, mas se recusam a escutar; desejam a atenção dos adultos, mas têm dificuldade de perceber os outros; querem ter o direito da experiência, mas tentam ignorar as consequências de seus atos. Em seu mundo, sentem-se seguros, porém sem contato com o mundo dos adultos. É uma fase de extrema contradição, pois, ao mesmo tempo que impera a solidão, aparecem com força o amor, a vida em grupo, as paixões...

Nessa fase, há alguns rituais de passagem – o baile de debutante, a primeira relação sexual, entre outros. Quanto ao desenvolvimento sexual, nota-se um descompasso entre os meninos e as meninas, que dificilmente namoram entre si nessa faixa etária. Eles, em geral, estão na fase genital, isto é, pensam em sexo e pornografia; elas, por sua vez, sonham com relações afetivas românticas, geralmente com garotos mais velhos.

Os adolescentes de 15 anos têm seu comportamento alterado em função do grupo: amparados pela turma, são ousados, irreverentes com os adultos; isolados, são tímidos e inseguros. Em relação aos pais e aos adultos, esses adolescentes costumam entrar em conflito com eles, discordar, reclamar dos limites, sentir-se vítimas de incompreensão, rejeição e até perseguição. Mas o fato é que, embora não confessem, ainda dependem muito dos pais. O que os deixa mesmo irritados é ser tratados como crianças. Nessa idade, os adolescentes podem ser extremamente colaboradores, desde que sua participação em uma atividade não pareça uma imposição. A crença de que sua tarefa está sendo feita de livre e espontânea vontade é fundamental para sua ação.

A falta de clareza de limites, a ambiguidade de valores e as ordens contraditórias dos adultos são fatores que podem gerar angústia. Os jovens percebem as contradições dos adultos e podem usá-las como armas para destruir-lhes a autoridade. Entretanto, essa agressão contra o mundo adulto, em geral, causa nos adolescentes um vazio, pois eles se ressentem da falta de comando e de rumo.

Os 16 e 17 anos aparecem como um momento "divisor de águas", pois nessa fase o corpo já está com aparência de adulto, fato que coincide com a maior atenção que lhe é dada pela sociedade. O corpo atinge maior definição do biótipo. A consciência do corpo e o aumento da libido levam o adolescente a usá-lo na sedução e a se preocupar com a estética.

Nessa idade, os jovens têm maior domínio sobre o pensamento abstrato, mas ainda sentem dificuldade de matizar entre o que é regra geral e o que é exceção, devido sobretudo à tendência para encontrar afirmações que sejam verdades absolutas. Muitas vezes, o conhecimento superficial de um assunto, aliado à paixão pessoal pelo tema, leva o jovem a afirmar inverdades ou bobagens.

Os 17 anos representam mais um momento importante de rompimento com a família, tão emblemático como o corte do "cordão umbilical" no nascimento. Essa nova vida é marcada pela busca de experiências inéditas, de valores diferentes daqueles do grupo familiar. Os sentimentos mais marcantes nessa idade são a ansiedade e o desejo de liberdade. Apesar do peso da idade, o adolescente de 17 anos tem grande confiança em si e sente-se maior que o mundo. Por isso, essa é a fase das grandes causas, ou seja, um exercício quase heroico de transformar o mundo.

O amor e o sexo são importantes nesse momento, mas eles se manifestam de modo diferente entre homens e mulheres. Os rapazes estão buscando a autoafirmação sexual e têm como preocupação a quantidade; já as moças buscam mais romance em suas relações. Apesar dos desencontros, essa é a fase em que os jovens procuram o namoro.

Ter 17 anos significa tomar decisões que definirão o futuro, a escolha da carreira. Por isso, o adolescente vive a tensão da escolha e a pressão exercida sobre ele pela família e pela sociedade. Nessa idade, os ídolos são importantes para a identidade grupal; o grupo, aliás, é fundamental para a autoafirmação, assim como a figura do melhor amigo, do amigo para a vida toda, o confidente, o companheiro, o cúmplice.

Hoje, os jovens se mostram bem mais dependentes dos pais e da sociedade do que as gerações passadas, por isso hoje a liberdade tem um novo significado: a falta total de limites. Essa falta de clareza sobre o que é a liberdade pode induzir comportamentos patológicos, tais como: o vandalismo, a violência e a drogadição. A rebeldia jovem, que antes pretendia revolucionar o mundo, deu lugar aos modismos veiculados pela mídia e à busca dos prazeres e satisfações pessoais. Hoje, a rebeldia se expressa na postura de alheamento que corresponde ao silêncio e à ausência dos pais.

A abordagem gestáltica não caracteriza o desenvolvimento em etapas. Sabemos, no entanto, que existem peculiaridades em diferentes fases da vida, por isso é interessante ressaltar e considerar as observações de professores que estão em contato direto com os adolescentes em seu dia a dia acadêmico. São reflexões e observações que nos proporcionam um contorno no entendimento dos adolescentes. Considerando que, ao trabalhar com adolescentes em Gestalt-terapia, é imprescindível caracterizar os diversos sistemas que fazem parte de sua vida, e que a escola, assim como a família, exerce bastante influência na constituição do *self*, tal compreensão por parte do grupo de professores nos auxilia em nossa investigação.

INTERNET

Em uma sociedade em crescente transformação, a internet tornou-se presença quase obrigatória nas escolas e nos lares; e, quando não disponível em casa, está nas famosas *lan houses*. Se a internet possibilita abrir portas para novos horizontes, possibilita também abrir portas para novos relacionamentos. As redes sociais tornam possível conhecer pessoas do seu e de outros continentes. Fascínio entre adolescentes, que em geral passam horas na frente da tela do computador em busca de novos amigos, de relacionamentos amorosos e participando de comunidades que projetam seus sentimentos e pensamentos mais íntimos – desde as que oferecem simples brincadeiras até aquelas que promovem grupos de discussão sobre temas da atualidade, interesses comuns, arte, divertimento e mesmo grupos de autoajuda. Não podemos negar a influência da internet em nossas vidas, tampouco que se tornou mais um motivo de preocupação entre pais, nem sempre atentos para conhecer os amigos com quem seus filhos encontram, ainda menos os virtuais.

No universo da criança e do adolescente está presente a avidez por novidades, pelo novo e por participar de grupos com iguais. No processo de desenvolvimento, os ajustamentos criativos permitem configurar e reconfigurar relacionamentos, estreitar vínculos e fazer novas amizades. O contato é o elemento de aproximação e tem uma função desencadeante no desenvolvimento psicológico infantil. Com a maturação motora, por meio do ver, ouvir, falar, movimentar, pensar, ter consciência e agir, a criança aprende a ter contato com os eventos do mundo externo, incorporando-os, diferenciando-os ou eliminando-os de si própria, de acordo com sua necessidade.

Ao entrar em contato com a internet, a função predominante é o olhar e o escutar, uma vez que vemos e escutamos o que queremos. Por meio dos relacionamentos virtuais, o adolescente adiciona em sua rede os amigos ideais, aqueles que correspondem à satisfação de suas necessidades, confluindo ao formar seu grupo ou comunidade com características únicas. O contato por meio da internet possibilita experimentar aspectos relacionais que no contato pessoal podem ser mais difíceis: o adolescente pode se "esconder" em um personagem que corresponde à polaridade de seu ser. Podemos ter como exemplo o adolescente tímido perante o grupo que ao acessar a rede de amigos virtuais exercita seu lado oposto.

As crianças e os adolescentes se encantam com *games*, computadores e com os amigos virtuais. Em uma sociedade que apregoa muito mais o ter do que o ser, em que virtualmente se pode ser e ter o que se deseja, o afastamento do real e a aproximação do virtual é ao mesmo tempo o preço pago pelo progresso, como também uma possibilidade de contato e crescimento.

Se em Gestalt entendemos a pessoa como um ser em relação, podemos compreender o adolescente como alguém exercitando seus ajustamentos criativos com o meio.

O mundo circundante do adolescente se altera: suas fronteiras de contato incluem novos elementos – a internet entra com força total em seu mundo real e imaginário.

De acordo com Yontef (1998, p. 251),

> Um relacionamento é um evento que acontece – é um processo. O processo acontece **entre** duas pessoas [...]. A fim de se relacionar, duas pessoas autodefinidas, separadas, devem conectar-se e reconhecer uma à outra, e também precisam manter suas identidades separadas. Na Gestalt-terapia o relacionamento forma-se em torno da tarefa de realçar a *awareness* necessária para a autorregulação organísmica. O contato, para o Gestalt-terapeuta, é moldado pela relação Eu-Tu.

Verificamos, então, que a *awareness* é ampliada pelo contato. Ora, se a internet promove relacionamentos, podemos dizer que amplia a *awareness*. Com isso, chegamos a outro tópico: como se configura a relação terapêutica com a utilização da internet? Guardado o devido sigilo, a internet pode funcionar como um recurso de facilitação na comunicação entre terapeuta e cliente, assim como usamos jogos e técnicas projetivas.

Durante uma sessão psicoterapêutica, uma adolescente de 16 anos pediu para entrar na internet e mostrar seu Orkut (na sala de atendimento há um *notebook* conectado à internet). Ficou orgulhosa ao mostrar sua página, contando suas histórias, mostrando seus amigos, o menino de que gostava, com quem já havia ficado, enfim, sua rede social. Abriu-se uma nova porta de comunicação entre terapeuta e cliente. "Agora, quando eu falar dos meus amigos, você já sabe quem são eles, já viu suas fotos." Essa prática tornou-se presente em sessões com outros adolescentes.

A CLÍNICA GESTÁLTICA COM ADOLESCENTES

Atender adolescentes não é tarefa fácil. Na experiência clínica, os adolescentes chegam ao consultório mais por encaminhamento dos pais ou da escola do que por iniciativa própria. Assim, nossa primeira tarefa como psicoterapeutas, que é o estabelecimento de vínculo, torna-se tão primordial quanto marcar as sessões.

A chegada do adolescente implica predisposição para aceitá-lo em suas dúvidas, angústias, esperanças, defesas e raiva. Adolescentes às vezes preferem entrar sozinhos na sessão, sem a companhia dos pais. Outros preferem que eles entrem junto na primeira vez. Alguns são bastante reticentes em contar por que vieram. Outros já chegam com maior abertura porque estão em busca de ajuda. Para facilitar o processo de estabelecimento de vínculo e deixar o adolescente à vontade, é interessante perguntar se ele está ali por vontade própria, por encaminhamento ou sugestão ou contra sua vontade.

Uma garota de 13 anos chegou à primeira sessão dizendo estar ali obrigada por seus pais e não ver necessidade de estar em terapia. Após sessões com os pais, ficou claro que o estranhamento deles era relacionado a mudanças ocorridas com a menina que faziam parte do processo de crescimento da jovem e não estavam sendo entendidas por eles. Algumas sessões de orientação e os pais puderam compreender esse processo de crescimento; e a garota não precisou continuar com as sessões de psicoterapia.

A psicoterapia com adolescentes só pode ser efetiva quando o próprio adolescente sente a necessidade de frequentar as sessões.

A mãe de **L.**, um garoto de 14 anos, trouxe-o após ser expulso da escola e apresentar comportamento rebelde. Ao recebê-lo e conhecê-lo, ficou resolvido lidar com a polaridade saudável: o que gostava de fazer, como era seu dia a dia etc. Foi ao contar que gostava de tocar bateria e ao falar de seus amigos que um forte vínculo foi estabelecido entre terapeuta e cliente. Em uma das sessões, ele chegou com o rosto vermelho, com uma carta da escola. Era um relatório de seus professores a respeito de seu comportamento em sala de aula. Grande parte dos relatos descrevia comportamentos inapropriados e ele estava visivelmente tenso. Após ler com ele, peguei uma folha e pedi que ele escrevesse um relatório sobre cada um de seus professores. Imediatamente, seu rosto se iluminou; sentou-se e escreveu sobre cada professor, apontando as qualidades de alguns e os defeitos de outros. Enquanto escrevia, pude notar que sua cor foi voltando, a vermelhidão desaparecendo e uma expressão de alívio tomou conta dele. Ao conversar sobre os dois relatórios, ele começou a refletir sobre suas atitudes na escola. O que se passou a seguir foi uma mudança que se tornou visível em alguns meses.

Assim como as crianças, os adolescentes têm baixa autoestima; sentem-se feios, desengonçados e pouco inteligentes. Com **L.** não era diferente. Convidado a participar de algumas sessões em um grupo de pré-adolescentes mais novos que ele, estes ficaram encantados com sua entrada no grupo. Pelo fato de ser mais velho e falar de suas experiências, principalmente musicais, encontrou suporte e admiração por parte de todos. Isso contribuiu para aumentar sua autoestima e consequentemente mudar seu comportamento na escola. Começou mesmo a se gostar e encontrar novos significados em seu mundo, que se reconfigurou. Pôde terminar o ensino médio, e alguns anos depois tivemos notícias de que estava na faculdade.

FERRAMENTAS TERAPÊUTICAS

Se no atendimento com crianças utilizamos recursos lúdicos, as sessões com adolescentes também podem requerer algumas estratégias específicas que se diferenciam das usadas no atendimento de crianças ou de adultos. Utilizamos técnicas, mas sempre com base na relação dialógica. Para Aguiar (2005, p. 210), "Sem o suporte da relação dialógica [...] as técnicas tornam-se exercícios e o espaço terapêutico um simples lugar de recreação". Assim, as técnicas são ferramentas que possibilitam um maior estreitamento de vínculo entre terapeuta e cliente, bem como uma ampliação de *awareness* do adolescente.

Como nos diz Oaklander (2008, p. 114), "Para que uma sessão seja produtiva, o adolescente e o terapeuta devem estar em contato, plenamente presentes". Ou seja, é a **atitude presença** do psicoterapeuta que surge na sessão, aceitando e confirmando a pessoa em seu potencial (Yontef, 1998). Assim, o psicoterapeuta que mostra seu verdadeiro *self* nas sessões pode estabelecer contato mais efetivo com seu cliente do que aquele que recebe o adolescente como se fosse um deles. Dialogar com o adolescente utilizando suas gírias e linguagem própria acaba por dificultar o estabelecimento do vínculo, pois essa não é a linguagem dos adultos. Nesse caso, o psicoterapeuta pode passar a falsa ideia de ser "bonzinho" e querer conquistar o cliente. O adolescente percebe quando determinadas palavras não fazem parte da vivência do psicoterapeuta e pode até sentir-se desqualificado por ele.

Ao perceber a disponibilidade do terapeuta, o adolescente permite a aproximação, expande fronteiras e consequentemente amplia sua *awareness*.

A seguir, apresentamos algumas técnicas que podem ser utilizadas nos encontros terapêuticos para facilitar a comunicação entre terapeuta e cliente e ajudar a eleger temas para diálogo.

1 Jogo rápido

Trata-se de uma pequena lista de palavras que o adolescente deve completar segundo suas ideias. Esse exercício pode revelar temas de interesse do jovem, que o psicoterapeuta poderá aprofundar em sessões subsequentes.

Signo-
Um filme-
Uma viagem-
Um desejo-
Minha família-
Um bom livro-
Meu programa de TV predileto-
As meninas gostam de-
Os meninos gostam de-
Eu gosto de-
Cor-
Comida preferida-
***Hobby*-**
Do que mais gosto na vida-
Religião-
Amor-
Cantor(a) preferido(a)-
Meu sonho-
Etc...

Esse recurso nos fornece informações sobre o adolescente e facilita a comunicação entre cliente e terapeuta.

2 *Self box*

A caixa do *self* é um recurso que os adolescentes recebem muito bem. Pode ser feita em casa e levada ao consultório ou ser feita no próprio consultório. Pede-se ao jovem que coloque na caixa objetos que possam representá-lo, ou mesmo que crie um tema com a caixa: a caixa dos sentimentos, a caixa da vida escolar, do amor etc.

Já atendi adolescentes que para montar sua ***self box*** pediram sugestões a amigos, professores com quem tinham maior afinidade e para a família. Já ocorreu de os amigos emprestarem objetos pessoais, fotos do grupo e com alguns amigos específicos; de a família acabar por montar outra caixa, que se configurou como a ***self box* familiar**, resultando em uma proveitosa sessão familiar.

3 Stop psicológico

Nesse velho jogo, é feita uma tabela cujas colunas contêm temas, e a cada linha é sorteada uma letra com a qual devem ser iniciadas as palavras naquela rodada. Geralmente, é jogado em grupo. Quem completa a linha primeiro grita "**STOP!**" e ganha a rodada. No final, somam-se os pontos. No ***stop* psicológico**, em vez de temas corriqueiros, são propostos temas que trazem conteúdos psicológicos, como: *Eu sou, Gosto de, Tenho medo de, Meu namorado(a) me deu, Minha mãe é, Meu pai é, Tenho raiva de* e outros temas pertinentes à vida do adolescente, que podem até ser sugeridos por ele.

4 Desenhos, argila, jogos de tabuleiro, jogos construídos com o cliente, caixa de areia, fantoches, música, arte etc.

Outros recursos facilitadores de expressão podem ser encontrados no livro de Violet Oaklander, D*escobrindo crianças* (1980), em outros livros e jogos, bem como originar-se de sugestões dos próprios jovens e da criatividade do psicoterapeuta.

FINALIZANDO

Reiterando o que disse, atender adolescentes requer, além de nossa atualização como terapeutas e educadores, atualização de nosso próprio mundo. Torna necessário, também, exercitarmos nosso ajustamento criativo. Para o Gestalt-terapeuta, o estado presença é fundamental durante as sessões, bem como a amorosidade e a paciência para receber a infinita gama de sentimentos com que o jovem nos presenteia.

Relembrar nossa adolescência é revisitar uma fase da vida permeada com descobertas, rebeldia, acomodações, sonhos possíveis e impossíveis, ousadias e angústias, tristezas e alegrias. Trabalhar com adolescentes nos remete a um passado distante ou até próximo demais, em que a vivência do terapeuta/educador é presentificada e revisitada a todo instante. Como é doce recordar um tempo que não volta mais!

REFERÊNCIAS BIBLIOGRÁFICAS

AGUIAR, L. *Gestalt-terapia com crianças: teoria e prática.* Campinas: Livro Pleno, 2005.

OAKLANDER, V. *Descobrindo crianças – A abordagem gestáltica com crianças e adolescentes*. São Paulo: Summus, 1980.

______. *El tesoro escondido – La vida interior de niños y adolescentes.* Santiago: Cuatro Vientos, 2008.

PERLS, F.; HEFFERLINE, R.; GOODMAN, P. *Gestalt-terapia.* São Paulo: Summus, 1997.

TELLEGEN, T. "*Atualidades em Gestalt-terapia*". In: PORCHAT, I. *As psicoterapias hoje – Algumas abordagens.* São Paulo: Summus, 1982.

YONTEF, G. M. *Processo, diálogo e awareness – Ensaios em Gestalt-terapia.* São Paulo: Summus, 1998.

4 ADOLESCENTE? DÁ PRA ATENDER

LIA PINHEIRO

Este capítulo é fruto da experiência vivenciada na Casa do Adolescente, na Unidade Básica de Saúde do bairro de Pinheiros (UBS-Pinheiros), em São Paulo, por profissionais da área de psicologia, durante o atendimento de adolescentes e seus acompanhantes no programa *Dá pra atender*?

O momento de espera que antecede o atendimento do adolescente pode criar expectativas negativas, provocadas por sentimentos desfavoráveis – como ansiedade, medo do desconhecido, angústia, tristeza, solidão –, passíveis de afetar a qualidade do tratamento proposto. A espera ainda pode ser um fator de comprometimento dos aspectos motivacionais dos adolescentes quando procuram algum tipo de assistência, implicando seu desgaste físico e emocional, e provavelmente seu desinteresse em dar continuidade aos encaminhamentos solicitados pela equipe multiprofissional de saúde.

Em função do exposto, surgiu a proposta de desenvolver um projeto para atender a essas necessidades, visando à transformação da sala de espera em um espaço acolhedor.

> Sabe, às vezes eu saio na rua para olhar os carros e as pessoas, para sentir que realmente eu existo, que eu estou no mundo, porque eu me sinto um nada, como se eu não existisse... (15 anos, masculino)

O adolescente busca seu espaço na sociedade, um lugar para chamar de seu, e é por meio dos atendimentos realizados nesse setor específico da UBS-Pinheiros que ele tem a possibilidade de entender que o local pode ser ali, para refletir e questionar sobre suas dúvidas, as conquistas e os conflitos que surgem nesse período tão turbulento da vida.

> Gostaria que as pessoas me tratassem com carinho e atenção. (11 anos, masculino)

As queixas e os questionamentos, tão inerentes à adolescência, quando não reconhecidos como expressões próprias do ato de viver, transformam-se em problemas emocionais (angústia, ansiedade, agressividade, depressão) e/ou acadêmicos (desinteresse pelos estudos, baixo desempenho, repetência), entre outras manifestações que revelam a dificuldade de contato durante essa fase.

DÁ PRA ATENDER?

Esse programa, que teve início na Casa do Adolescente no primeiro semestre de 2005, foi a forma encontrada de conseguir uma abertura para as demandas de clientela na UBS-Pinheiros. Entre março de 2005 e dezembro de 2010, realizaram-se 2.793 atendimentos, dos quais 865 de adolescentes do sexo masculino, 1.443 do sexo feminino e 85 de acompanhantes. Eles comparecem para contar sua história, para descobrir o que é um atendimento psicológico e/ou até para conhecer quem é ou saber como age um psicólogo.

O programa *Dá pra atender?* procura beneficiar a população que necessita de ajuda psicológica e nem sempre conta com ela no momento da emergência dessa necessidade (Mahfoud, 1987).

> Me mandaram vir aqui... Roubei e estou dois anos em abrigo. Você não vai dizer nada?... (silêncio). Você é diferente! (16 anos, feminino)

Responder à demanda não significa atender a ela (Morato, 1999, p. 101). Não se pode atender a todos que chegam. O cliente será ouvido no momento de sua procura e a equipe responderá por intermédio dos recursos disponíveis em cada ocasião.

O atendimento no *Dá pra atender?* focaliza o problema do momento vivido pela pessoa e tem começo, meio e fim. Seu alvo é o indivíduo que está com alguma dificuldade, e o psicólogo deverá estar disponível nessa hora em que o cliente não deseja, por qualquer motivo, uma psicoterapia. Ele necessita confidenciar seu problema e, por meio do atendimento, sai com uma nova compreensão, uma opção e a possibilidade de lidar com ele (Guedes *et al.*, 1991, p. 62).

> Tenho dores de barriga todos os dias, fico nervosa na escola, não sinto vontade de fazer nada. (12 anos, feminino)

O psicólogo desempenha o papel de agente transformador e, no trabalho desenvolvido nesse programa, observa-se que a atitude mais propícia a ser tomada é a de acolhimento, da escuta desprovida de valores equivocados e de prejulgamentos. Esse comportamento do profissional proporciona ao adolescente a segurança de que necessita para expor suas ideias e vontades, sabendo que elas serão respeitadas. *Dá pra atender?* possibilita-lhe reconhecer que tem um lugar onde buscar solução para seus conflitos.

No programa, o trabalho é focado no cliente, ao escutá-lo; não em um problema ou em um modo predeterminado de atuação, mas procurando esclarecer sua demanda e o que espera de um trabalho psicológico (Morato, 1999). Dessa maneira, o cliente não é considerado candidato à psicoterapia, e sim alguém que, ao buscar atendimento e encontrá-lo, vai embora muito satisfeito. Esse pode ser um dos motivos pelos quais algumas pessoas/clientes ficam por um ou dois atendimentos e depois desaparecem (Guedes *et. al.*, 1991). Os encontros são semanais ou quinzenais, e a quantidade deles varia de seis a oito, de acordo com a demanda.

Com base na experiência resultante dos atendimentos no *Dá pra atender?* à população de adolescentes e seus acompanhantes, reflexiona-se aqui sobre o processo de transformação biopsicossocial que ocorre com cada um deles.

Observa-se que, ao passarem pelo atendimento oferecido, estão, muitas vezes, enredados em suas experiências e, talvez por medo, timidez e/ou dificuldade de externalizar o que estão vivenciando, não sabem ou não conseguem se posicionar. Alguns adolescentes demonstram dificuldade em entrar em contato com seus aspectos mais fragilizados, e o que se constata é que, por meio da acolhida e escuta oferecidas, gradativamente conseguem se perceber e se visualizar no mundo real; assim, podem ir atrás do que almejam/desejam.

> Eu tenho vergonha de falar na escola, não tenho amigos, só saio de casa com a minha mãe, nunca namorei, gostava de um garoto que não sabia que gostava dele. (17 anos, feminino)

Pode-se perceber que esse tipo de atendimento propicia ao adolescente a amenização de seu intenso sofrer e contribui para que sua própria identidade surja e se fortaleça.

EQUIPE DO PROGRAMA

Participam do atendimento direto ao cliente a psicóloga coordenadora e supervisora do programa e estudantes de quarto e quinto ano do curso de psicologia. A inserção desses estagiários de psicologia possibilita a recepção de todos os que procuram a Casa do Adolescente. Além disso, eles trazem sugestões e discutem a concepção e a organização do programa.

O atendimento deve contar com a disponibilidade do estagiário em participar de uma experiência que seja capaz de lidar eficazmente com o não planejado, com o desconhecido, com o inesperado. Uma das características primordiais do *Dá pra atender* é o fato de atender imediatamente a todo e qualquer adolescente que procura a Casa, pois para ele o amanhã é hoje e o que ele traz tem de ser compartilhado agora.

Morato (1999, p. 104) comenta que a disposição dos estagiários depende da existência de espaços de supervisão e de relações informais, entre outros aspectos, nos quais sua experiência possa ter guarida e ser tematizada e elaborada com liberdade e autonomia. A supervisão, que acontece *in loco*, no atender, promove o desenvolvimento da formação e da capacitação profissional do estudante/estagiário, permitindo-lhe vivenciar sua futura prática e se situar nela.

O trabalho que vem sendo desenvolvido com essa equipe de estagiários de psicologia visa à atuação de cada um deles nesse universo amplo e diversificado de problemas e necessidades que se descortina à sua frente, e à lapidação de sua capacidade e disponibilidade para lidar com o que emergir dos adolescentes acolhidos (Guedes *et. al.*, 1991).

CASA DO ADOLESCENTE

A Casa do Adolescente está localizada em São Paulo, na Unidade Básica de Saúde do bairro de Pinheiros (UBS-Pinheiros), e faz parte do Programa de Saúde do Adolescente da Secretaria de Saúde do Estado de São Paulo. Funciona de segunda a sexta-feira como um serviço de referência para o atendimento físico, psicológico e social do adolescente. Possui atualmente 30 mil adolescentes matriculados.

Quando o jovem procura a Casa do Adolescente pela primeira vez, passa por uma triagem para ser matriculado e poder utilizar todos os serviços oferecidos na Casa e no Centro de Saúde.

Pautado pelas recomendações da Organização Pan-Americana de Saúde (Opas) e da Organização Mundial da Saúde (OMS), o programa de Saúde do Adolescente tem por objetivo o desenvolvimento de atividades destinadas a promover, proteger, recuperar e reabilitar a saúde integral do adolescente, com ações de estímulo às prevenções primária e primordial e ao exercício da cidadania (Takiuti e Monteleone, 2009).

A equipe da Casa do Adolescente é multidisciplinar, composta de médicos, psicólogos, dentistas, assistentes sociais, enfermeiros, fonoaudiólogos, ginecologistas, terapeutas corporais, nutricionistas, naturólogos e outros profissionais afins.

NÃO VOU ME ADAPTAR – O RECEIO DA TRANSIÇÃO

O adolescer é um período do processo de crescimento e desenvolvimento humano em que são observadas rápidas e substanciais mudanças no comportamento e no corpo infantil. O contato com meninas e meninos em fase de transformação é intrigante, pois esse processo provoca muitos conflitos internos e externos na busca de uma identidade, aqui e agora.

Ao criar a própria identidade e uma cultura paralela, os adolescentes podem ser levados a transcender sua vida até então, transitando na marginalidade dos padrões. Como é que cada geração vai se diferenciar da precedente, inventando e se identificando?

> Pedi ajuda para minha mãe. Disse que estava muito machucada! Sinto prazer em me vingar e quero mais! Depois eu me sinto mal. (17 anos, feminino)

Na ocorrência de um estado de desespero, ao se esconder e/ou se isolar para se proteger, o adolescente desliga-se do mundo e esse comportamento pode acarretar uma série de rupturas: dos laços sociais e afetivos e das identificações imaginárias subentendidas. Aquele que passa por uma experiência de isolamento, cindindo-se do mundo exterior, torna-se um ser singular que não reconhece seus iguais. Sente-se sozinho, e essa solidão tende a crescer tanto que a expressão dessa radicalidade pode desencorajar a aproximação de integrantes das instituições familiares e escolares.

> Quem acha que eu tenho problemas é a minha mãe, só porque às vezes eu fico nervoso e quebro as coisas. (16 anos, masculino)

No programa *Dá pra atender?*, o psicoterapeuta é constantemente confrontado pelas profundas implicações dos encontros, muitas vezes enigmáticos, entre o adolescente, a família e ele (profissional).

Não raro, a conduta revelada pode retratar uma resistência à transição criança/adolescente. Essa situação não é saudável, não leva o jovem a buscar força e conforto para continuar seu processo de crescimento. Pode até apresentar caráter de preservação, mas o afasta do contato real com seu agora e com seus sentimentos, essencial para aprender a lidar com eles, com as tristezas e frustrações da vida; e o que é mais importante: impede-o de desenvolver-se psicologicamente de maneira saudável.

> Estou me sentindo muito sozinha e triste. (15 anos, feminino)

Diante de um trauma, do sentimento de angústia, o adolescente tenta refugiar-se, dificultando o contato. Utiliza-se de mecanismos que possam lhe dar sensação de segurança, comprometendo sua conduta em relação à família, na escola e com os amigos. Seu processo de crescimento, se não estiver impedido, encontra-se, no mínimo, com interrupções e pouca fluidez (Antony, 2010, p. 124).

> Tenho medo de tudo, não consigo dormir sem ter certeza que meu pai trancou o carro, o portão, a porta. (11 anos, masculino)

Quando vivencia uma conjuntura aflitiva, o adolescente pode se deixar envolver pelo medo profundo de algo que muitas vezes extrapola seu conhecimento; então, ele procura fugir para situações que lhe pareçam mais reconfortantes. Pode também ocorrer de, diante da percepção de uma agonia intensa, ele perder contato com o agora, sem ter consciência de que esse processo está ocorrendo. Nesses casos, a psicoterapia mostra-se necessária como instrumento de resgate da autoestima do adolescente.

NÃO TENHO MAIS A CARA QUE EU TINHA – QUEM É O ADOLESCENTE?

A Lei nº 8.069, de 13 de julho de 1990, que dispõe sobre o Estatuto da Criança e do Adolescente, assim esclarece:

> [...] Art. 2º Considera-se criança, para os efeitos desta lei, a pessoa até 12 anos de idade incompletos, e adolescente aquela entre 12 (doze) e 18 (dezoito) anos de idade. Parágrafo único. Nos casos expressos em lei, aplica-se excepcionalmente este Estatuto às pessoas entre 18 e 21 anos de idade.

De acordo com a Organização Mundial da Saúde (OMS), a adolescência abrange a faixa etária entre 10 e 19 anos, 11 meses e 29 dias.

Adolescência é uma etapa da vida que tem sido antecipada ao longo dos anos. Na Europa de meados do século XIX, as meninas menstruavam pela primeira vez aos 17 anos. No Brasil, a idade média tinha caído para 12,5 anos em 1970. Em parte, isso se deve à melhora da alimentação e ao maior nível de gordura no organismo – tanto que meninas ligeiramente obesas tendem a menstruar mais cedo (Herculano-Houzel, 2005).

Ainda segundo Herculano-Houzel (2005), é preciso fazer distinção entre puberdade e adolescência. Puberdade é o momento – por volta dos 11 anos para as meninas e dos 14 para os meninos – em que, graças aos hormônios, se atinge a capacidade reprodutiva. Adolescência, que tem início na puberdade, é o período que se estende até o início da idade adulta.

Estudos sobre a população indicam que o número de adolescentes no mundo é superior a três bilhões. Na América Latina e no Caribe, o aumento foi de 138% no período de 1960 a 1990. No Brasil, os jovens entre 12 e 18 anos somam 42.980.259, o que corresponde a aproximadamente 25% da população brasileira (Mioto, 2005).

Aberastury e Knobel (1981, p. 26-9) definem a adolescência como a etapa da vida durante a qual o indivíduo procura estabelecer sua identidade adulta, apoiando-se nas primeiras relações objeto-parentais internalizadas e verificando a realidade que o meio social lhe oferece. Ao descrever a Síndrome da Adolescência Normal, esses autores destacam alguns aspectos apresentados pelos adolescentes: a busca de si mesmo e de sua identidade; a tendência grupal; a necessidade de intelectualizar e fantasiar; as crises religiosas, que variam desde o ateísmo mais intransigente até o misticismo mais fervoroso; a evolução sexual manifesta, que vai do autoerotismo até a heterossexualidade genital adulta; a atitude social reivindicatória, com tendência antissocial ou associal de diversa intensidade; a separação progressiva dos pais; e as constantes flutuações do humor e do estado de ânimo.

Diante dessa definição, podemos notar que a tendência à busca do sentimento de pertencer a um grupo é muito grande. Uma adolescente de 17 anos, recém-chegada de outro estado, ao procurar a Casa do Adolescente, disse:

> [...] me sinto feia, cheia de espinhas, com roupas largadas. As meninas de São Paulo são mais arrumadas, estão maquiadas, com cabelo com escova, e por isso ficam tirando sarro do meu jeito, do meu sotaque.

Notou-se na adolescente, no decorrer dos atendimentos, assim que se sentiu acolhida, um processo de mudança. Ela demonstrou estar tentando entrar em contato com aquilo que acontecia em sua vida, em seu dia a dia, mesmo que fossem coisas consideradas por ela "ruins e dolorosas".

Outra situação que mostra falta de autoaceitação, da forma como se apresentava, foi trazida por uma adolescente de 16 anos:

> Eu bebia, fumava maconha, gostava de sair para dançar, de estar com meus amigos, mas depois que fui morar com minha tia e me converti parei com tudo. [...] gosto de sair, de dançar, conheci um menino, mas não posso fazer essas coisas, pois a religião não permite. [...] me sinto muito confusa.

Esse é um exemplo típico da dualidade presente na adolescência, que impede o processo de desenvolvimento. O jovem vai e volta, oscila entre o que era, o que é e o que pretende ser, em busca da definição de sua identidade e modo de ser perante a sociedade.

EU NÃO CAIBO MAIS NAS ROUPAS QUE EU CABIA – O QUE, AFINAL, É SER ADOLESCENTE?

Sabe-se que a adolescência se constitui em uma fase de conflitos, de polaridades. É quando o jovem começa a buscar o referencial da sociedade e dos grupos, que é diferente daquilo que sua família representa e espera dele.

Os pais pretendem que ele seja feliz, que defina seu futuro, que faça planos, que seja independente; mas, ao mesmo tempo, ainda não lhe dão autonomia para colocar em prática as coisas que quer fazer (Calligaris, 2000).

Adolescente é aquela pessoa que já é grande o bastante para fazer várias coisas (chatas, a maioria delas, no seu entender), mas não tem idade suficiente para realizar outras (para ele, muito mais interessantes). Cresceu, mas... não amadureceu; quer, mas... não pode ainda.

Por que, afinal, essa passagem da infância para a idade adulta é tão incompreendida?

Esse ser que adolesce não é nem criança nem adulto; é um tipo mutante capaz de transformações camaleônicas na aparência, extremamente adaptável ao novo e naturalmente resistente ao que já foi estabelecido. À primeira vista, parece estranho e até hostil, mas pode estar apenas "fazendo gênero".

Dados provenientes da Organização Pan-Americana de Saúde (1998) revelam que fatores de risco e comportamentos problemáticos com consequências para a saúde são comuns e inter-relacionados. Assim, carência extrema de recursos econômicos, conflitos familiares e conduta familiar problemática são fatores de risco gerais observados nos casos de consumo de drogas, delinquência, gravidez na adolescência, abandono escolar e violência. Quanto mais adverso o contexto em que se desenvolve o adolescente, maior a necessidade de apoio para que sobreviva e se desenvolva no futuro como um cidadão, e não como um ser invisível.

Nesse sentido, o Estatuto da Criança e do Adolescente dispõe que:

> [...] Art. 4º – É dever da família, da comunidade, da sociedade em geral e do Poder Público assegurar, com absoluta prioridade, a efetivação dos direitos referentes à vida, à saúde, à alimentação, à educação, ao esporte, ao lazer, à profissionalização, à cultura, à dignidade, ao respeito, à liberdade e à convivência familiar e comunitária.

Na adolescência, período no qual os indivíduos são vulneráveis e cada vez mais precocemente se envolvem em situações de risco, é importante focalizar a fase escolar com o intuito de determinar comportamentos preocupantes que possam ser modificados, assim como os recursos e fatores de proteção que possam ser fortalecidos por meio de um enfoque preventivo.

A arte, o esporte, a educação e a cultura são elementos estratégicos e comprovados de combate à violência. Funcionam como o incentivo necessário para que os jovens se mantenham afastados de situações de perigo, sem negar, contudo, os sentimentos de afirmação positiva de suas identidades.

Para Campos (1980), o adolescente vive períodos de estabilidade e instabilidade emocional, com crises de identidade, e, ao buscar sua inserção social, identifica-se com grupos.

O jovem tem um longo caminho entre o adolescer e a idade adulta. Para que consiga trilhá-lo de forma íntegra, espera-se que possa estar constantemente refletindo sobre as inúmeras e constantes mudanças em sua trajetória.

MAS É QUE QUANDO EU ME TOQUEI ACHEI TÃO ESTRANHO – UM ESPAÇO PARA CHAMAR DE MEU

Atuar no *Dá pra atender*? leva a refletir sobre situações emergenciais que necessitam de escuta qualificada, de leitura das entrelinhas, do expresso e do não expresso. A etimologia da palavra "clinicar" (inclinar-se a alguém) exemplifica o que se faz no espaço de atendimento desse programa, ou seja: é o estar presente física e psiquicamente com o adolescente, em local adaptado ou não para acolhê-lo, como uma sala específica para esse fim, ou um espaço aberto, fora da Casa, no pátio, por exemplo. Para Takiuti (Takiuti e Monteleone, 2009), o que importa é o espaço mental e não o físico.

Seguindo a ética profissional, o terapeuta coloca-se à disposição no que for necessário para aliviar a angústia dos adolescentes e seus acompanhantes, seja para esclarecer suas dúvidas, escutar seus sonhos e objetivos, seja para compreender suas sensações, emoções e sentimentos.

> Se não fosse minha mãe, as coisas seriam bem melhores. (18 anos, feminino)

Um espaço para chamar de "meu" é o local para o adolescente poder ser, sentir e viver o que de mais consciente estiver acessível, sem medo ou vergonha.

> Vim hoje para consulta com ginecologista também, mas não pude passar porque estou de TPM = menstruação. (17 anos, feminino)

A dualidade entre o amadurecimento do corpo e o psicológico frequentemente causa certa inquietação e instabilidade emocional, que podem levar desde a problemas de relacionamento com os pais até a outros mais complexos.

> Meu filho é mais meu irmão do que meu filho, não sei como fazer com ele. (19 anos, feminino)

É preciso compreender que esse é um momento de conflito e de crise, superável quando o adolescente aprende a lidar com suas possibilidades e limitações. Receber o apoio da família, dos amigos, da comunidade e da sociedade é essencial para seu desenvolvimento saudável.

Diante de todas as singularidades dessa fase, é essencial enxergar o adolescente como alguém que possui o desejo de aprender, de ser reconhecido, de sentir-se "pertencendo a", aceito e respeitado.

NO ESPELHO, ESSA CARA JÁ NÃO É MINHA – SER ADOLESCENTE

A experiência vivenciada no *Dá pra atender?* forneceu vasto material de trabalho, obtido por meio dos relatos das sessões com os adolescentes, nas quais eles expõem suas questões existenciais e dúvidas referentes ao processo de amadurecimento e de seu estar em um mundo novo "cheio de competições e decepções".

O que se observou é que a necessidade de falarem e serem ouvidos também reflete um modo de vida que a sociedade tem estabelecido para seus pais, ou seja, uma jornada muito extensa de trabalho e a consequente falta de tempo para os filhos. Surgem então conflitos familiares, além de doenças como bulimia, anorexia e depressão, cada vez mais comuns na adolescência, caracterizando alguns dos "sinais" de que algo não está indo bem, de que há aspectos desconectados e desorganizados em seu desenvolvimento, reveladores de tentativas de satisfação de alguma carência.

Queria ficar com o corpo igual da minha prima. Ela tem o peito definido e o bumbum empinado. (16 anos, feminino)

Grande parte da energia e da atenção do adolescente é ocupada nesse processo de busca da sua nova identidade e de seu autorreconhecimento. Suas atitudes e pensamentos estão agora focados em como entrar no mundo de valores dos adultos. Para que essa passagem seja menos impactante, é essencial um bom suporte para lidar com as perdas inerentes a essa etapa da vida, além de valores morais bem definidos e sedimentados durante a infância. O jovem parece ter necessidade de testar a segurança que seu meio lhe oferece, o que provavelmente ocorre em virtude dos sentimentos amedrontadores que alimenta e são fortes e presentes nessa fase. Ele precisa saber que pode contar com o cuidado de seu entorno familiar mais próximo.

É difícil! Eu falo pra minha mãe que não quero crescer. Dá medo ter que assumir as coisas. Eu fico assustada! (17 anos, feminino)

Uma das sensações que o adolescente pode estar experimentando é a de não ser aceito, mas ele precisa se reconhecer e se aceitar em sua mudança. Para Aguiar (2005, p. 211), mudar não é tentar vir a ser algo diferente do que somos, mas aceitar exatamente aquilo que podemos ser a cada momento, com nossos limites e possibilidades.

Não suporto patada! Meu pai não sabe conversar. (14 anos, feminino)

Nesse tipo de situação, fica evidente que o falar e ser ouvido é o ponto de partida para que o jovem consiga entrar em contato consigo mesmo e comece a buscar alternativas para resolver seus dilemas nesse espaço tão peculiar que ocupa no mundo contemporâneo. O trabalho desenvolvido na Casa exige, especialmente do psicólogo, grande capacidade de atenção, isto é, de estar com o cliente, de procurar percebê-lo em suas possibilidades e de transformar tal percepção em intervenções eficientes, sem jamais deixar de acreditar que o adolescente é capaz de encontrar em si mesmo respostas às suas questões.

> Minha mãe enche o saco, quer que eu faça tudo em casa e eu não quero mais, quero felicidade, só isso. (12 anos, feminino)

No processo de desenvolvimento, o indivíduo busca, desde sua origem, a totalidade do seu ser, passando por diferentes fases que caracterizam as valências e figuras peculiares construídas por intermédio das interações entre os diversos aspectos de sua vida. Nesse trajeto, os ajustamentos criativos e as tendências à autorregulação e à autorrealização constituem aliados importantes, pois levam o indivíduo às buscas, aos encontros e aos desencontros, concomitantemente ao conhecimento de si mesmo, do outro e do mundo.

O adolescente que não estiver conectado consigo e com seu meio, bem como à sua forma de ação no mundo, poderá bloquear esse percurso e não completar seu ciclo, impossibilitando novos contatos. Aprender sobre si mesmo implica descobrir, mudar, criar, sentir, pensar e realizar. Em seu processo de vir a ser, à medida que caminha pelo ciclo do contato e lida com o novo, independentemente da fase de desenvolvimento em que se encontra, passa por momentos de reconfiguração e reconstrução.

Esse processo implica uma visão coletiva e integrada, que objetiva o crescimento pessoal, e não uma visão fragmentada e dirigida à acomodação. Vincula-se a uma mudança de postura, de paradigma, para que cada indivíduo possa se tornar instrumento propulsor de seu desenvolvimento.

De acordo com Aguiar (2005, p. 209), entrar na realidade do adolescente não é misturar-se com ela, tampouco trazê-lo para a nossa realidade; é poder confirmá-lo como um ser singular que, nesse momento, só tem condições de percebê-la dessa forma e agir segundo sua percepção.

O ADOLESCENTE CONTEMPORÂNEO

O adolescente dos dias atuais apresenta algumas características comuns: pouca expectativa quanto à vida profissional; reduzida criticidade em relação às questões políticas e sociais; baixo interesse por atividades artísticas e físicas, apesar de elas estarem presentes em seu dia a dia por dever familiar ou escolar. Os momentos de lazer incluem programas de TV e a internet, a qual se tornou espaço de pesquisa, entretenimento e comunicação, além de oferecer, junto com as idas aos *shoppings centers*, a oportunidade para que as relações afetivas e sociais aconteçam. Também é muito comum nessa fase o apelo às lipoaspirações, aos implantes de silicone e aos tratamentos para emagrecer, sobretudo entre as jovens. De certa forma, esses procedimentos indicam que a relação com o corpo está se anulando e os jovens estão se coisificando (Paladino, 2005).

Dois aspectos observados nos atendimentos feitos no *Dá pra atender?* podem ser enfatizados: os adolescentes mostram certa facilidade em comunicar suas angústias – o que, na maioria das vezes, é difícil até para os adultos – e apresentam a solidão como um dos elementos marcantes da sua história de vida, por permanecer muito tempo sozinhos em casa, principalmente em virtude da situação socioeconômica da família (grande parte das residências desses jovens se localiza em bairros de periferia, e eles não saem de casa para brincar, pois, além de não haver um adulto por perto para cuidar deles, a violência está sempre rondando).

> Não tô muito bem, meus pais tão separados, minha mãe tem namorado, meu pai tem namorada e meu avô morreu. (14 anos, masculino)

Ainda segundo Paladino (2005), fatos como esses geram sofrimento nos jovens, cuja forma de expressão não se traduz em demandas formuladas, explícitas, mas por meio da apatia, da solidão e do emudecimento, da subjetividade, da violência e da pobreza – afetiva e intelectual –, manifestações essas que encobrem as possibilidades de elaboração dessa fase do desenvolvimento. Com os novos modelos de relação, mono ou homoparentais, com famílias recompostas, filhos de pais separados e pais que trabalham o dia todo fora, o tempo disponível para a convivência entre pais e filhos tem diminuído significativamente, ficando para a escola e para a mídia o papel de veículos transmissores de referências e valores.

> Eu decidi vir aqui porque lá na minha casa eles falam pra mim que eu preciso porque falo demais; e aí vim pra desabafar, eu preciso falar com alguém. (17 anos, feminino)

A necessidade de falar e ser ouvido entra como aliada importante no processo de ajustamento criativo e tendência à autorregulação e autorrealização na busca do conhecimento de si, do outro e do mundo. O abandono e os maus-tratos, apesar de velados na fala dos pais, que também passam por inúmeras dificuldades, compõem a vida miserável de muitas dessas famílias. Essa situação geralmente resulta da falta de oportunidade de trabalho e de educação, e os filhos são incluídos nas mazelas dessas histórias de vida.

> Fui procurar meu pai para viver com ele de novo e ele disse que não quer ficar comigo. (13 anos, masculino)

A solidão e o tédio na adolescência podem também se revelar como resultantes do conflito de gerações, uma vez que os pais muitas vezes não se sentem preparados para lidar com as mudanças dos filhos e evitam o diálogo, até mesmo para não entrar em contato com seus próprios aspectos internos, com sua adolescência não resolvida.

> Ah! Eu tenho aqueles confrontos que todos os adolescentes têm com os pais! (16 anos, feminino)

Aberastury e Knobel (1981) consideram o tédio uma característica da Síndrome da Adolescência Normal. Com base nessa compreensão, entende-se que o adolescente precisa estar só e entrar em contato com seu mundo interior para depois poder atuar no mundo externo. Mas, quando se fala em solidão velada pelo abandono, pode-se pensar em um comportamento revelador de alguma patologia. Esse recolhimento pode ser indicativo de partes que não se compõem, que não se integram e não se correlacionam na formação da totalidade do ser em questão – o adolescente. Isso pode ser verificado em seus relatos durante os atendimentos, como o que segue:

> Perdi a vontade de viver, não quero mais namorar, nem atendo telefone, não saio de casa e não quero mais ir à escola. (16 anos, feminino)

O homem é um ser em relação, e uma das características que o tornam uma unidade é a constante interação com os limites sociais e ambientais. Nesse caso, a família e a sociedade podem ajudar o adolescente a fazer parte do mundo adulto, colaborando na mudança de suas estruturas, para que as *Gestalten* incompletas se fechem e para que ele consiga passar pelo ciclo do contato sem bloqueios ou rupturas. Muitas vezes, o ambiente familiar não está preparado para receber seu adolescente e é por isso que ele cada vez mais se distancia da família, carregando consigo grandes conflitos de personalidade e buscando, nos grupos, o suporte que não teve em casa.

Grande parte dessa dor pode ser suavizada por meio da conscientização de suas emoções, sensações, projetos, de suas expressões corporais e atitudes para consigo mesmo e para com a sociedade na qual está inserido. Torna-se, assim, responsável e consciente de si mesmo, lidando com sua *awareness*.

> [...] então é isso que é ser adulto? É assim que é amar alguém? (17 anos, sexo feminino)

SERÁ QUE EU ESCUTEI O QUE NINGUÉM DIZIA? – A PSICOTERAPIA E O PSICOTERAPEUTA

Para que o adolescente se conscientize do sofrimento psíquico que vivencia, a ajuda psicoterápica é de extrema valia, desde que o profissional reúna algumas condições, tais como abertura, empatia, reciprocidade, presença, responsabilidade, e também tenha uma visão humanista. O trabalho da psicoterapia leva o adolescente a ampliar sua *awareness* a respeito de suas possibilidades de contato com o mundo, proporcionando-lhe uma experiência emocional de crescimento (Pinto, 2009).

O psicólogo do programa *Dá pra atender?* está disponível para o atendimento do adolescente, do acompanhante e da equipe de profissionais da Casa do Adolescente, no momento em que sua escuta se faz necessária. Esta pode acontecer quando solicitada pela equipe responsável pela triagem na Casa, pelo profissional que perceba a necessidade de um atendimento imediato, por iniciativa do adolescente e/ou acompanhante, ou então quando o próprio psicólogo divulga na sala de espera o serviço oferecido.

A visão do Gestalt-terapeuta volta-se para a dinâmica do que acontece em determinado momento da vida de uma pessoa. Para isso, ele se utiliza de um método descritivo e não explicativo, ou seja, procura investigar o que está acontecendo com o cliente e como está acontecendo. Apresenta uma postura interessada, presente e acolhedora, deixando de lado os julgamentos, os conhecimentos anteriores, os "pré" conceitos e focalizando aquilo que o cliente manifesta no momento, no aqui e agora da relação terapêutica. A proposta é que cada pessoa atinja a real percepção de si como ser em relação, que reflita sobre o tipo de sociedade em que vive e em que embasamento ético se fundamenta.

Assim, a Gestalt-terapia não é uma terapia de ajustamento, mas de autorrealização. Nela, crescer significa buscar desenvolver os próprios recursos, dons e talentos especiais. Uma forma de crescimento se dá por meio da ampliação da consciência, para que o indivíduo consiga se assumir e aceitar a responsabilidade por suas próprias escolhas, acreditando em si mesmo.

> Pensei e acho que é uma fase da minha vida. Não conseguiria ter um relacionamento homossexual agora. (16 anos, feminino)

De acordo com Aguiar (2005, p. 130), para que o outro seja tocado pelo psicoterapeuta é preciso que se sinta acolhido, compreendido, respeitado em sua singularidade, em seu tempo e, principalmente, em suas possibilidades.

> Quando podia imaginar que no Brasil, aqui em São Paulo, eu ia conseguir que minha família fosse assistida em três semanas? (Acompanhante, 40 anos)

O profissional que atua com o inesperado e com o desconhecido é um privilegiado. Privilegiado porque as pessoas, ao procurá-lo, compartilham com ele o que têm de mais precioso e raro: suas experiências. Guedes (1985) afirma que a realidade do profissional é "tocar" as pessoas pela palavra, pelo gesto, pelo afeto, pela expressão, pelo olhar, pelos movimentos...

Para Ancona-Lopez (1996, p. 14), à medida que o profissional passa a acreditar que todo contato com o cliente pode ser um movimento significativo, ele é, sem dúvida, obrigado a rever muitos dos conceitos que norteiam sua prática.

> Você vai me atender aqui fora?... Nunca pensei que pudesse acontecer ser atendido assim... é tudo o que eu sempre imaginei... (Acompanhante, 46 anos)

Mudanças são possíveis em um curto período de tempo. Para que o *Dá pra atender?* aconteça, é necessária uma sistematização do serviço. O cliente precisa saber quando e onde o profissional vai estar disponível; também deve estar ciente da possibilidade de o atendimento ser único, ou de se estender por seis a oito encontros. O profissional, por sua vez, deve se propor a responder à demanda de quem o procura naquele momento, a acolher o cliente e não apenas seus sintomas, e a estar atento às seguintes condições: a garantia de presença sistemática em lugar e horário predefinidos, o estabelecimento do tempo de cada encontro com a possibilidade de flexibilização e a probabilidade ou não de retorno(s).

A variedade dos casos a ser tratados, o inesperado e o fato de o atendimento poder ser único (ou seja, constituir-se em apenas um encontro) levam o profissional a um constante questionamento teórico, obrigando-o a buscar os mais variados recursos técnicos e principalmente pessoais (Ancona-Lopez, 1996, p. 15).

SERÁ QUE EU FALEI O QUE NINGUÉM OUVIA? – O ADOLESCENTE E SUA TRAVESSIA

No cenário do mundo atual, de violência exacerbada, o adolescente encontra-se cada vez mais vulnerável e vive um processo sofrido e pouco satisfatório para um saudável vir a ser. Qual é então a travessia a ser feita para essa aprendizagem?

Para que sua travessia aconteça e ele possa aprender a ser, constatou-se, por intermédio do programa da Casa do Adolescente, que trabalhar com o jovem implica atuar nas dimensões individual, familiar e escolar, e também na comunidade, na sociedade e com as políticas públicas, de forma integrada e harmônica.

A família, a escola, a comunidade e o trabalho são fundamentais na constituição do indivíduo, pois definem as transposições na trajetória de sua vida.

Ciente disso, o *Dá pra atender?* tem como uma de suas propostas permitir ao adolescente construir, passo a passo, uma autoestima positiva e um projeto de vida comprometido com a sociedade, favorecendo sua travessia para o aprender a ser. Assim, fornece subsídios a todos os que necessitam de atendimento, sem nenhuma distinção quanto aos problemas pelos quais estão passando.

O atendimento psicológico, oferecido no momento da procura, destina-se aos que vivenciam qualquer situação de sofrimento e/ou de dificuldade, situação essa percebida por intermédio dos sinais mostrados pelo próprio adolescente ou por aqueles que dele cuidam. Para perceber esses sinais, o profissional deve estar vigilante e disponível, sabendo que um olhar atento às vezes vale mais do que um excesso de cuidado. Muito mais que isso, olhar significa cuidar.

Dá pra atender?, nos moldes como se aplica, é uma oportunidade peculiar de crescimento pessoal e de desenvolvimento profissional, que tem, na escuta psicológica, um de seus mecanismos para o desenvolvimento de um serviço comprometido com o bem-estar humano.

Nesse programa, atua-se com a hipótese de que, se a sala de espera pode oferecer condições humanizadoras, o benefício é dos usuários, que terão a oportunidade de estabelecer vínculos significativos com a equipe dos profissionais da saúde. Estes procurarão garantir condições que propiciem aos usuários melhora em sua qualidade de vida e, aos diferentes especialistas, a oportunidade de assisti-los de forma mais presente. O benefício será de todos.

Ressalta-se, por fim, a importância do trabalho realizado com os adolescentes por meio dos atendimentos feitos por psicólogos e estagiários em psicologia. O objetivo é acolhê-los e possibilitar que exteriorizem as angústias e os conflitos típicos dessa fase da vida, assim como outras questões pertinentes: problemas familiares, dificuldades escolares, uso de drogas, sintomas depressivos e tentativas de suicídio. Cria-se nesses encontros um espaço de empatia e confiança, que provoca, consequentemente, efeitos positivos nos adolescentes. Ao encontrarem a escuta, muitas vezes a eles indisponibilizada por pais e amigos, passam a se comunicar melhor e a interagir mais com o meio e com a família. Proporciona-se, portanto, que trabalhem as modificações próprias da adolescência de forma mais consciente e produtiva, pois passam a entender melhor seus pontos não saudáveis e as dificuldades em lidar com algumas questões da vida.

Com base nos atendimentos realizados no *Dá pra atender?*, foi possível compilar dados importantes tanto das histórias de vida quanto das falas trazidas pelos adolescentes. Observou-se como é importante para eles conversar sobre suas dificuldades com alguém disposto a ouvi-los e a orientá-los, problematizando as questões que levantam. Esse tipo de atitude propicia aos jovens a oportunidade de resolver seus conflitos internos e de aprender a lidar com a família e com o meio social. Podem, assim, chegar à fase adulta de forma mais natural e saudável.

> Agora? Você vai me atender agora? (13 anos, masculino)

Afinal, qual é o mistério, qual é o segredo do programa *Dá pra atender?* na Casa do Adolescente? Certamente é o aprendizado com a própria experiência, aqui e agora (Mahfoud, 1999).

Agradecimento especial

À professora doutora Albertina Duarte Takiuti, coordenadora do Programa Saúde do Adolescente da Secretaria de Saúde do Estado de São Paulo, por acreditar neste trabalho, e aos estudantes de psicologia, por tornarem o programa possível.

REFERÊNCIAS BIBLIOGRÁFICAS

Aberastury, A.; Knobel, M. *Adolescência normal*. Porto Alegre: Artes Médicas, 1981.

AGUIAR, L. *Gestalt-terapia com crianças: teoria e prática*. Campinas: Livro Pleno, 2005.

ANCONA-LOPEZ, S. *A porta de entrada: da entrevista de triagem à consulta psicológica*. Tese (Doutorado em Psicologia Clínica) – Pontifícia Universidade Católica de São Paulo, São Paulo, 1996.

ANTONY, S. (org.). *A clínica gestáltica com crianças – Caminhos de crescimento*. São Paulo: Summus, 2010.

BRASIL. LEI FEDERAL n.º 8.069/1990. *Estatuto da Criança e do Adolescente*. São Paulo: Atlas, 2000.

CALLIGARIS, C. *A adolescência*. São Paulo: Publifolha, 2000.

CAMPOS, D. M. S. *Psicologia da adolescência: normalidade e psicopatologia*. Petrópolis: Vozes, 1980.

GUEDES, A. M. "Depoimento". In: PORCHAT, Ieda; BARROS, Paulo (orgs.). *Ser terapeuta – Depoimentos*. São Paulo: Summus, 1985.

GUEDES, A. M. *et al.* "A consulta avulsa". *Revista de Gestalt*, ano 1, n. 1, 1991.

HERCULANO-HOUZEL, S. *O cérebro em transformação*. Rio de Janeiro: Objetiva, 2005.

MAHFOUD, M. "A vivência de um desafio: plantão psicológico". In: ROSENBERG, R. L. (org.). *Aconselhamento psicológico centrado na pessoa*. São Paulo: EPU, 1987.

MAHFOUD, M. (org.). *Plantão psicológico: novos horizontes*. São Paulo: Companhia Ilimitada, 1999.

MIOTO, R. C. T. "A maternidade na adolescência e a (des)proteção social". *Serviço Social e Sociedade*, São Paulo, ano XXVI, n. 83, 2005, p. 128-46.

MORATO, H. T. P. (org.). *Aconselhamento psicológico centrado na pessoa: novos desafios*. São Paulo: Casa do Psicólogo, 1999.

ORGANIZAÇÃO PAN-AMERICANA DE SAÚDE. Las condiciones de salud en las Américas. Washington: Opas, 1998.

PALADINO, E. *O adolescente e o conflito de gerações na sociedade contemporânea*. São Paulo: Casa do Psicólogo, 2005.

PINTO, E. B. *Psicoterapia de curta duração na abordagem gestáltica – Elementos para a prática clínica*. São Paulo: Summus, 2009.

TAKIUTI, A. D.; MONTELEONE, M. L. A. "Por que houve redução da gravidez na adolescência no estado de São Paulo-Brasil. Estratégia: Programa de Saúde do Adolescente". In: MONTEIRO, D. L. M.; TRAJANO, A. J. B.; BASTOS, A. C. *Gravidez e adolescência*. Rio de Janeiro: Revinter, 2009.

5

ELEMENTOS PARA A PRÁTICA DA ORIENTAÇÃO PROFISSIONAL NA ABORDAGEM GESTÁLTICA

LUIZ LILIENTHAL

Escolher uma profissão é algo complexo... ou não... Conheço muita gente que desde a infância diz a profissão que vai seguir e efetivamente segue tal carreira. Outros, como eu, têm grande dificuldade ao se ver diante do momento de escolher uma profissão. Na adolescência, quando questionado sobre o que queria ser, respondia invariavelmente "Não sei".

Enquanto cursava a última série do ensino médio, me decidi por medicina. Prestei alguns vestibulares para medicina, mas não passei em nenhum (na realidade, fiquei a muito pouco de ser aprovado, o que na época suscitou certa frustração, mas ao mesmo tempo alívio; não entendia essa dicotomia). Fiz, então, minha primeira orientação profissional, que apresentou como resultado algo parecido com "qualquer coisa menos medicina, com predisposição para profissões que lidem com matemática" (esse processo foi feito por meio da abordagem psicométrica, que discutirei adiante). Fui, então, fazer um curso preparatório para vestibulares e ao final do ano prestei a prova para engenharia, tendo sido aprovado.

Não me encontrei durante o curso e tinha dificuldade em entender isso, pois gostava muito de tecnologia. Fui reprovado em muitas disciplinas, pois elas não faziam o menor sentido para mim. Por fim, desisti do curso no terceiro ano e novamente frequentei um curso preparatório para vestibulares. Ao mesmo tempo, fiz outra orientação profissional (agora de abordagem psicodinâmica) e acabei me decidindo por prestar vestibular para psicologia. Fui aprovado e comecei a frequentar o curso com apreensão, afinal sentia certa cobrança perante mim mesmo de "acertar". Tornando curta uma longa história, pude me encontrar no curso, não sofri reprovações em nenhuma disciplina, me formei, fiz curso de especialização, mestrado, doutorado e me considero muito satisfeito com minha profissão. Hoje meus *hobbies* são praticamente todos ligados a tecnologia e arte. Automóveis, eletricidade, eletrônica, marcenaria, fotografia, música, computadores, tudo me interessa e incita minha curiosidade. Revelo isso não para me gabar, mas para mostrar que com o desenvolvimento de meu *autossuporte* pude fazer um *ajustamento criativo* que dá conta dos meus variados interesses.

O QUE É ORIENTAÇÃO PROFISSIONAL?

Em primeiro lugar, quero deixar clara a razão pela qual utilizo o termo "orientação profissional" e não o termo "orientação vocacional". "Vocacional" tem sua origem num termo latino, que significa "chamar", "chamado", "chamamento". Como não acredito que a escolha profissional seja um chamamento, e sim uma escolha, opto pela denominação *orientação profissional* – ou, daqui para a frente, simplesmente OP.

Existem duas modalidades de OP, a *psicométrica* e a *psicodinâmica*. A primeira se caracteriza por uma bateria de testes psicológicos (testes de personalidade, inventários de interesse, habilidades, inteligência etc.) ao final da qual o orientador profissional procura "juntar as partes do quebra-cabeça" de forma a conseguir traçar um perfil dos "pontos fortes" e "pontos fracos" de seu cliente para que este por sua vez faça sua escolha. Alguns profissionais ainda fazem, depois desse procedimento, alguns encontros de cunho psicoterápico para auxiliar o cliente na escolha entre os "pontos fortes".

Espera-se desse procedimento que o perfil resultante seja apresentado em um gráfico cujo eixo das ordenadas apresenta valores em percentil para cada uma das áreas profissionais colocadas no eixo das abscissas. Quando as curvas do gráfico são bem acentuadas, com altos e baixos bem definidos, a tarefa de escolher pode ser relativamente fácil. Com o gráfico resultante não tão bem definido, no entanto, mostrando uma curva pouco acentuada, mais parecida com um patamar, variando em termos de percentil entre 70 e 90, a escolha se torna muito difícil, pois revela um cliente com múltiplas potencialidades.

Pessoalmente, não sou afeito à modalidade psicométrica, pois não encontro nela a possibilidade de leitura de um processo (de desenvolvimento) que me permita trabalhar com meu cliente possíveis obstáculos que esteja encontrando em seu processo de escolha. Acredito, além disso, ser muito complicado o cliente não se responsabilizar plenamente por sua escolha; sempre haverá como saída a possibilidade de dizer: "Ah, mas foi o psicólogo que disse para eu fazer biologia..."

Já a modalidade *psicodinâmica* pode ser definida em termos técnicos como uma *terapia breve focalizada*. Breve por sua duração, caracteristicamente de oito a 12 sessões – isso pode variar para mais ou para menos, como veremos adiante –, e focalizada pois tem um foco, a questão da escolha profissional. Isso não quer absolutamente dizer que só serão abordados temas ligados à escolha profissional; muito pelo contrário, qualquer tema, qualquer assunto é relevante nesse processo, tudo gira em torno da OP desde que o orientador tenha o cuidado de sempre relacionar os temas com a questão da escolha profissional.

Ao final do processo, espera-se que o cliente tenha obtido clareza suficiente para fazer sua escolha. Entretanto, pode-se também chegar à conclusão de que ainda não está na hora de ele fazer sua escolha; e o processo terá valido por isso, pela constatação de sua situação atual, que pode auxiliá-lo em muito no futuro.

A CONDIÇÃO TÍPICA

Via de regra, sou procurado em minha clínica como orientador profissional pelo adolescente e por um de seus genitores. Em geral é um dos genitores que entra em contato, raramente o adolescente. Marcado um horário, vamos para o atendimento. Esse é um momento importantíssimo do processo, pois (e isso já se iniciou com o contato telefônico) estamos entrando no universo do adolescente, o que inclui seus familiares, parentes e amigos. Chamo a atenção para esse fato, pois, diferentemente da maioria dos atendimentos com adultos, em especial no que diz respeito a OP, esse universo pesa muito na decisão que o cliente vai tomar ou deixar de tomar. A probabilidade de seu sistema de referências ser ainda externo, e não interno, é muito grande.

O trabalho de OP pode mexer bastante com o sistema no qual o cliente está inserido. Num sistema, por exemplo, familiar, seus membros guardam determinada posição relativa uns diante dos outros; se um se "move", necessariamente obriga um rearranjo do sistema para uma nova configuração, o que pode ocorrer de forma suave ou violenta (por exemplo, com forte inconformismo perante aquele que se "moveu"). O mesmo vale para o grupo de pares. Esse é um aspecto importante do *mapeamento* a ser feito, a fim de que se possa entender quais *forças externas* estão agindo sobre o cliente – e que, na medida em que se avalie que podem estar dificultando o processo de escolha do cliente, talvez precisem ser trabalhadas.

Nesse momento, também é importante que o orientador profissional esteja atento a um fenômeno bastante comum: a procura pode ser, na realidade, por psicoterapia. Alguns jovens, por considerar a psicoterapia algo vergonhoso ou desnecessário, procuram a OP porque a julgam mais "leve", mais "socialmente aceitável", menos propensa a provocar chacotas. Caso se constate a procura por psicoterapia, é interessante, no trabalho com esse jovem, fornecer suporte para que ele se encaminhe para um processo psicoterápico.

Além desses aspectos, o mapeamento envolve absolutamente tudo que puder ser pesquisado no universo do cliente: sociabilidade, interesses, sexualidade, relacionamento familiar, namoro, vida escolar, esportes, grau de escolaridade e profissão dos pais e familiares, *profissões possíveis* e *profissões impossíveis*, o que admira e o que execra nos outros (lembrando que não suportamos nos outros aquilo que não suportamos em nós mesmos), enfim, uma anamnese benfeita. É por meio desses dados que teremos ideia da *situação* em que o cliente se encontra quanto à escolha profissional. Apresento a seguir uma adaptação do diagnóstico dessa *situação* feita com base em Bohoslavsky (1977, p. 69-71).

QUESTÕES SOBRE O DIAGNÓSTICO

Na situação *pré-dilemática*, o adolescente vem para a OP sem saber por quê. Sabe que tem algo a resolver sobre a profissão a ser seguida, mas na realidade isso ainda não se tornou uma questão para ele, ainda é algo muito distante. Via de regra, quando questionado sobre a razão de ter vindo, responde: "Não sei" ou "Porque minha mãe (meu pai) quis".

Muitas vezes, o orientador profissional sentirá até certa hostilidade do jovem nessa situação, pois ele tem receio de que "mexam" com ele, de que interfiram em algo que ainda não está maduro o suficiente. Essa hostilidade se revela numa má vontade em responder a perguntas, falar de si, de sua família, de seus pares. As respostas costumam ser monossilábicas e o assunto com esse jovem acaba bem rápido.

Fica muito claro que ele ainda não tem maturidade suficiente para arcar com a escolha de uma profissão; que, de fato, ainda não está pronto para arcar com escolhas de vulto em sua vida. Caso no futuro esse jovem volte a procurar o orientador profissional, é interessante que o profissional fique atento ao modo como a família lida com as escolhas desse jovem, se lhe dá autonomia, liberdade e suporte afetivo efetivo.

Nesses casos, é interessante esclarecer ao jovem e a seus pais ou responsáveis a situação como ela é, ou seja: "Ainda não está na hora". É bastante frequente os pais (os jovens não) ficarem bem irritados com o profissional, pois é como se os estivéssemos informando de uma anormalidade do filho. Recordo-me de uma mãe nessa situação que tinha como profissão a medicina. Perguntei-lhe então se ela achava anormal uma garota ter sua menarca com 11 anos. Respondeu que "não". E se a garota tivesse 17 anos? A resposta também foi não, e na sequência me explicou que havia uma faixa de normalidade para a ocorrência da menarca, que variava aproximadamente entre 11 e 17 anos. Achei ótima a sua intervenção e emendei dizendo-lhe que ainda não havia chegado a hora da "menarca profissional" de seu filho. Fiquei com a impressão de que entendeu o fenômeno, mas não se conformou com ele. É bastante comum nesses casos ser proclamada a "incompetência" do profissional de OP.

De fato, o momento da escolha profissional pode variar muito (já vi "jovens" de 30 anos em situação *pré-dilemática*). Considero dois fatores os maiores determinantes dessa variação: a) tanto a condição socioeconômica da família de origem do jovem (via de regra, quanto mais modesta é essa condição, mais rapidamente o jovem amadurece – às vezes precisa desde cedo participar do orçamento doméstico) quanto sua família e seu meio (familiar, escolar, pares) dão valor à sua escolha profissional; b) em que medida essas mesmas instâncias dão suporte (que será gerador de autossuporte) para sua escolha, mesmo que esta não esteja de acordo com o que elas acham adequado.

Acredito que a conjuntura atual dos fatos, na qual cada vez mais cedo o jovem é instado a fazer sua escolha profissional, prejudica tanto o jovem quanto o ensino e o desenvolvimento profissional. Anos atrás, o comum era entrar na universidade com 18-19 anos; essa idade foi paulatinamente decrescendo e hoje em dia a entrada na universidade em geral é com 16-17 anos. Ou seja, mais novos e consequentemente menos maduros, os jovens têm aumentada a chance de fazer uma escolha profissional insatisfatória. Essa "pressa" em entrar no ensino superior não me parece saudável (entendo a pressão econômica e por *status* por trás dela), penso que 18-19 anos ainda é o mais saudável.

Na situação ***dilemática***, o jovem sabe que tem pela frente uma escolha importante para sua vida futura, mas tudo ainda é muito nebuloso. É um momento de grande oscilação. A impressão causada por um jovem nessa situação é de como se ele estivesse vivendo um dia de céu encoberto com muitos momentos em que o sol consegue perpassar as nuvens tornando o dia claro, nítido, com contornos bem definidos. Quando preponderam as nuvens, tudo fica cinza e duvidoso.

Costuma também ser o momento em que o jovem ora se posta como criança, ora como adulto; por exemplo, os pais pedem ao jovem que vá a um cartório apanhar determinada certidão e obtêm como resposta: "Ah, mas eu ainda sou muito criança para fazer isso". No mesmo dia, ele quer ir a uma festa; os pais anunciam que o levarão até o local e obtêm como resposta: "Ah, não, eu já sou adulto, eu tenho condições de ir sozinho".

Quanto à possibilidade de trabalho em OP, é uma situação em que o jovem (e seu sistema familiar) se confere mais liberdade para poder "brincar" com as opções de profissão que lhe passam pela cabeça. E esse brincar é de grande importância, pois, para eu conhecer alguma coisa, preciso brincar com ela (pense no seu novo telefone celular!). No processo de OP, esse brincar se caracteriza principalmente por fantasias com o exercício de determinada profissão, *role-playing* e solicitação ao jovem para que procure ativamente por informações sobre a profissão que está chamando sua atenção no momento (isso pode ir desde uma pesquisa na internet até conversar com um profissional da área em questão, ou fazer uma visita a uma instituição que ofereça tal curso, aproveitando para conversar com alunos e professores; estes costumam oferecer muito boa acolhida para tal tipo de demanda). Enfatizo o termo "ativamente", pois a responsabilidade pela escolha profissional é única e exclusivamente de quem a faz. Não há como ser diferente. Para isso, aquele que escolhe tem de estar pronto, maduro, com *autossuporte* suficiente para arcar com sua escolha.

A respeito dessa *situação* do processo de escolha profissional, não é possível fazer afirmações categóricas, pois, pela própria característica da adolescência, determinados processos podem ser extremamente morosos e outros, no mesmo adolescente, ocorrer de tal forma meteórica que o profissional de OP mal se dará conta de que já aconteceu.

Entendo a adolescência como uma fase de transformações tão radicais quanto as de uma lagarta que se transforma em crisálida para então virar borboleta. Você entenderá bem essa metáfora se observar uma borboleta sair de sua crisálida, ir desdobrando suas asas multicoloridas para secá-las e então alçar voo... Tudo muda: seu corpo, suas sensações, novas sensações são experimentadas (sexuais, por exemplo), sua força física aumenta, sente-se capaz de raciocinar, pensar e sentir em extensões e intensidades nunca antes vividas. E *essa borboleta* só vai voar se tiver espaço, ou seja, liberdade.

Na situação ***problemática***, o jovem sabe o que tem pela frente no que se refere à escolha, sabe o problema que tem para resolver. Já terá elencado o rol de profissões elegíveis, terá seus aspectos atrativos e repulsivos postos às claras e sabe que chegou o momento de tomar a decisão. Pode ficar estagnado nesse ponto por um bom tempo. Caracteristicamente, essa estagnação se dá em virtude da pressão que experimenta para fazer a escolha "certa". Essa pressão pode ser externa (pais que dizem, por exemplo, que se a escolha se revelar inadequada no futuro o jovem terá de "se virar" para estudar) ou interna (cobrança que pode estar fazendo para não desapontar seus pais – tanto no que diz respeito a escolher uma profissão que não é a preferida deles quanto por considerar que *tem de acertar de qualquer jeito* – ou, ainda, para não decepcionar o(a) namorada(a) ou o grupo de pares).

Tomada a decisão, temos agora a situação de ***resolução***, correspondente à implementação da decisão tomada, que vai desde *ajeitar* dentro de si próprio o *setting* para seguir tal profissão até escolher os caminhos que o levarão à decisão tomada (por exemplo, escolha do curso pré-vestibular, hierarquização das universidades de sua preferência, se vai permanecer na cidade em que mora ou se vai se arriscar no novo universo de uma cidade desconhecida etc.).

De fato, a *situação de resolução* só se completará no momento em que o jovem colocar pela primeira vez seus pés na universidade como aluno regularmente matriculado. O orientador profissional poderá acompanhar esse processo contratando, por exemplo, o jovem uma vez por mês até que se chegue a esse ponto.

SOBRE O TRABALHO EM OP

Tenha em mente que essas quatro *situações* (*pré-dilemática*, *dilemática*, *problemática* e *de resolução*) descritas anteriormente não acontecem como se fossem acionadas por um interruptor! O conjunto delas corresponde a um gradiente de *situações* pelo qual o jovem passa e no qual em determinados momentos você verá com clareza as transições que ele fará. Não force passagens de uma *situação* para outra – o jovem e eventualmente os pais dele, por exemplo, podem estar com pressa e dizendo algo semelhante a "Tempo é dinheiro" –, a não ser que você, como profissional de OP, tenha clareza de que o jovem "travou" em algum ponto do processo e não consegue se safar da trava sem um "empurrão". Aí, sim, cabem intervenções mais vigorosas. De forma geral, um processo de OP exige do profissional delicadeza e um afiado senso de *timing*. O tempo perdido aqui será com certeza recuperado lá adiante com uma escolha consistente, bem fundamentada. Se "o apressado come cru", o jovem apressado poderá amargar algumas escolhas profissionais, alguns vestibulares e (inícios de) cursos até se encontrar.

Por outro lado, se pressão atrapalha o processo, a absoluta falta de pressão é tão perniciosa quanto seu excesso. Correndo o risco de ser chamado de redundante ou reducionista, afirmo que *bom-senso* é fundamental para uma escolha profissional consistente.

Tipicamente, um processo de OP em atendimento individual leva de oito a 12 sessões. Talvez um pouco menos, talvez um pouco mais; tudo depende do *timing* do jovem.

Tenha sempre em mente que orientador e orientando chegarem à conclusão de que ainda não está na hora de fazer a escolha não significa que o trabalho não foi bem-sucedido. Muito pelo contrário. O trabalho está mostrando a situação ao jovem e à sua família, e isso pode ser muito útil para que tanto o jovem quanto sua família passem a encarar a questão profissional de outra maneira, uma maneira transformada que facilite a tarefa daquele que escolhe. Nesses casos, é muito importante que o profissional leve os dados colhidos para a família e os trabalhe, procurando alcançar o que esse sistema familiar pode suportar como a melhor configuração possível. Algumas vezes, será necessário confrontar os pais com realidades nada confortáveis, mas eles já têm (ou deveriam ter) estrutura para suportar isso. O princípio vigente aqui é o mesmo dos pais de filhos que têm algum tipo de excepcionalidade: negação.

OP NA GESTALT

Não pretendo aqui discorrer sobre os conceitos gestálticos subjacentes a esta proposta de trabalho, pois quando chamo esta sessão deste capítulo de "OP na Gestalt" me refiro à Gestalt-terapia e à Gestaltpedagogia. Entendo que a questão da OP diz respeito tanto à prática clínica quanto à escola. Infelizmente, a franca maioria das escolas não se preocupa em ensinar a escolher e a desfrutar de liberdade com responsabilidade, temas tão caros à abordagem gestáltica. Preferem tomar atitudes autoritárias até para falar de liberdade e responsabilidade. Não me parecem responsáveis; pudera, não têm liberdade... Não há como ensinar liberdade de forma autoritária.

Para uma discussão detalhada desses temas, bem como para uma boa apresentação dos conceitos da Gestalt e do trabalho com OP na escola (tema que não será abordado aqui), sugiro a leitura de Burow e Scherpp (1985).

Considero conceitos fundamentais do repertório gestáltico a ser trabalhados num processo de OP: *liberdade*, *responsabilidade*, *autossuporte*. É claro que todos os outros conceitos também são importantes e devem ser igualmente trabalhados. Quando penso no próximo conceito que me parece fundamental para a OP, me vem *ajustamento criativo*, que a meu ver já é um desdobramento de *liberdade*, que por sua vez também está presente em *autossuporte* – pois, se o indivíduo por alguma razão não se permite angariar recursos para se desincumbir de determinada tarefa, a primeira suspeição recai sobre se ele se permite, dá-se liberdade para, fazer algo diferente.

A título de exemplo dessa liberdade, recordo-me de uma jovem de 17 anos que reclamava não ter com quem conversar a respeito de sua escolha profissional. Estava vivendo uma grande crise de relacionamento com seus pais e pares; relatava que a figura mais querida naquele momento era sua cadela. Perguntei-lhe, então, o que ela achava que sua cadela diria sobre tal situação. Esse foi o início de um processo de OP que se deu num espaço de tempo muito curto. Esse exercício de imaginação trouxe as respostas de que ela necessitava – que já estavam "dentro" dela e puderam vir à tona por intermédio dessa "interlocução" com a cadela. Muitos anos depois, por um acaso, tive notícias dessa jovem. Estava muito bem e realizada profissionalmente, numa profissão que não era uma das prediletas de seus pais.

A capacidade de estabelecer *autorregulação* e de fazer o *ajustamento criativo* parecem ser um bom parâmetro para entender a *situação* em que o cliente se encontra, pois todo organismo está sempre realizando a melhor *autorregulação* e o melhor *ajustamento criativo* possíveis naquele momento, por mais aberrante e disfuncional que esse ajustamento possa parecer a um observador externo.

Toda vez que o orientador profissional propuser algo novo em termos do repertório de seu cliente, deve se perguntar se este tem *autossuporte* para tal; se a resposta for "não", há de trabalhá-lo com ele.

Outros pontos importantes a ser observados dizem respeito à linguagem. Utilizar uma linguagem clara é primordial, tanto quanto ficar atento a lacunas de linguagem que clamam por preenchimento. Gadamer (1997, p. 571-2) nos lembra que é o homem que está à disposição da linguagem e não o contrário! Somos como que reféns da linguagem e da capacidade expressiva que temos em dado momento. Só conseguimos expressar aquilo para o que temos linguagem, conceito, significado. Introduzir ao cliente novos recursos de linguagem é muitas vezes fundamental para ele poder prosseguir. É a mesma situação de uma pessoa que no meio de seu discurso para e fica procurando o termo adequado para expressar o que deseja. Isso vale tanto para adultos quanto para jovens que se engastalham ao tentar expressar algo que não sabem o que é e na maioria das vezes se refere a sensações. Nessa condição "param", pois estão sem recursos para lidar com a situação, até conseguir encontrar um "algo" (palavra, conceito, forma) que os "desatole". Para melhor compreender essa questão bem como as relações entre educação e saúde, sugiro a leitura de Lilienthal (2004).

OP INDIVIDUAL

Caso se esteja atendendo em processo psicoterápico um jovem que está chegando à idade de escolher uma profissão, é possível fazer a OP mesclada à psicoterapia. Nessa condição, aconselha-se ao terapeuta-orientador fazer com seu cliente um contrato de OP, no qual a psicoterapia terá continuidade, mas com seu foco voltado para as questões de escolha.

Isso depende, no entanto, da leitura que o psicoterapeuta faz da situação, pois muitas vezes o jovem terá mais benefícios se a OP for feita por outro profissional em paralelo com a psicoterapia – por exemplo, no caso de um jovem "fechado" que poderá conhecer o universo novo de outro profissional com o suporte de sua psicoterapia. Outra questão a ser considerada é quanto o psicoterapeuta se sente à vontade para fazer a OP com determinado cliente, ou de forma geral.

No caso de receber um jovem para OP que esteja em processo psicoterápico com outro profissional, é essencial deixar claro para o cliente que a OP não é "outra terapia", e sim um processo para auxiliá-lo em sua escolha profissional. É importante, também, solicitar autorização do cliente para contatar seu psicoterapeuta para discutir eventuais questões de seu interesse (com a finalidade de colaboração entre os profissionais). Deve-se ter em mente, ainda, que o *profissional de referência* é o psicoterapeuta e não o orientador.

OP GRUPAL

Outra possibilidade de OP é o atendimento grupal. Se na OP individual o jovem pode se "abrir" com o orientador compartilhando fantasias e temores que não revelaria a outras pessoas, a OP em grupo tem a vantagem de o jovem estar num grupo de pares em que entrará em contato com realidades de outros jovens na mesma situação que a sua. No grupo é possível a aplicação de jogos, brincadeiras, *role-playing* e também muita conversa séria!

Entretanto, a OP em grupo tem um grande problema: a formação do grupo, que usualmente só é possível quando a proposta é ligada a uma instituição que consiga organizar grupos em espaços de tempo curtos e regulares, dando assim conta de atender em tempo hábil os jovens que a procuram. Não há como solicitar a um jovem aflito com sua escolha profissional que aguarde meses para o começo do processo, ou informá-lo de que o grupo vai se iniciar apenas quando houver *quorum*.

Em geral, o processo de OP em grupo se dá, com relação aos mecanismos, de forma idêntica a um processo individual, com duração de seis encontros de duas horas e meia. Para o orientador profissional, a grande diferença vai ser trabalhar com o grupo e conseguir fazer a leitura dos processos tanto individuais como grupais. Trabalhar com grupos é uma atividade que exige do profissional uma habilidade muito específica que não será discutida aqui. Para um aprofundamento na questão, sugiro a leitura de Carvalho (1995) e Lilienthal (2004).

RECURSOS POSSÍVEIS

Costumo dizer que uma das coisas que me encantam na Gestalt é ela não ditar procedimentos técnicos a ser seguidos. Ela nos fornece um profundo e sólido embasamento filosófico-teórico e deixa para nós profissionais decidirmos quais ações tomar, tendo como pano de fundo todo o conhecimento sobre o humano que ela nos proporciona. Fica *um passo atrás*, não nos confrontando com técnicas e nos dando em contrapartida grande liberdade de atuação criativa (o passo adiante seria preconizar técnicas definidas e definitivas).

Profissionais recém-formados ou em fase de introdução no *universo gestáltico* costumam ficar como que perplexos e desamparados quando não lhes são apresentadas/ensinadas técnicas. A falta da técnica costuma gerar insegurança, não há onde se "agarrar" – ou, em outras palavras, a insegurança é a mãe da técnica! Mas é justamente essa insegurança que, bem administrada, poderá levar o profissional a se tornar um gestaltista convicto! Ao escrever este texto, fiquei atento até aqui para não mencionar a técnicas nem aludir a elas. A razão disso é me manter coerente com a leitura que faço da Gestalt e convidar o leitor a encontrar a *sua* forma de atuar profissionalmente – ou, em outras palavras, estabelecer sua própria *identidade profissional*, condição fundamental para o exercício da OP. Afinal, o profissional estará procurando, junto com o cliente, o que deverá se transformar na *identidade profissional* deste. Nesse contexto não há espaço para as duas partes estarem envoltas em dúvidas.

Assim, respondendo ao subtítulo no qual nos encontramos, pode ser considerado possível todo e qualquer recurso que o orientador profissional se sinta à vontade para utilizar e que faça sentido no momento em que for proposto. Alguns exemplos: *role-playing*, fantasias dirigidas, colagens, desenhos, associações (com imagens, obras de arte, música, propagandas que estejam na mídia, filmes, séries de TV), trabalho com argila, *sand-play*...

OUTRAS POSSIBILIDADES EM OP

Apresentei, até aqui, a "aplicação tradicional" da OP. Quero agora indicar mais três possibilidades de aplicação.

Re-opção

Existe um bom número de jovens que após iniciar sua formação profissional chegam à conclusão de que não fizeram uma escolha satisfatória. O trabalho em OP com esses indivíduos segue o mesmo raciocínio apresentado até o momento. Alguns chegam à OP ainda com a escolha anterior em curso, outros após a abandonarem. Via de regra, pertencem a uma faixa etária pouco superior à tradicional (20-23 anos), o que torna o trabalho com eles mais fácil, pois, a não ser que sofram algum tipo de comprometimento psicodinâmico, têm a questão da díade liberdade-responsabilidade mais desenvolvida.

Nesses casos, é importante entender como se deu a primeira escolha, com especial atenção sobre uma possível repetição do padrão de escolha.

Reopção por impedimento

De quando em vez, o orientador profissional é procurado para um processo de OP com clientes que já tinham feito sua escolha profissional, mas, devido a sequelas de doenças ou acidentes, ficaram impedidos de continuar exercendo sua atividade estudantil/profissional. Também nesses casos o raciocínio é o mesmo apresentado até aqui, com especial atenção sobre o processamento da perda do membro/função. Caso o cliente ainda experimente intensos sentimentos de raiva e/ou inconformismo em relação à(s) sua(s) perda(s), é recomendável que trabalhe essas questões num processo psicoterapêutico à parte da OP (para que lhe fique explícito que sua(s) perda(s) não o impedirá(ão) de encontrar uma nova atividade profissional que seja satisfatória). O mesmo vale para depressão advinda da perda.

Reopção por aposentadoria

Apesar de esta publicação ter como tema a juventude, me atrevo aqui a contemplar ainda essa possibilidade do trabalho em OP, em nosso país em que tão pouco se investe na juventude e tanto se desrespeita os mais velhos e os expõe ao descaso. "Todos os velhos já foram jovens, mas os jovens não sabem se ficarão velhos" (autor desconhecido). Mais uma vez, o raciocínio do trabalho em OP é o mesmo. Para o profissional de OP, é importante voltar sua atenção para se o cliente está simplesmente querendo ter uma atividade pós-aposentadoria ou se precisa complementar seus rendimentos para manter um nível de vida digno. A clareza dessa questão determina o fundo (prazer/necessidade) contra o qual se está trabalhando a figura (processo de escolha).

MEU DESCONFORTO

Já tinha considerado este capítulo pronto, tratei de lê-lo muitas vezes à caça de erros de digitação, escolhendo termos que julgo mais adequados, enfim, fiz tudo aquilo que se faz ao término da escritura de um texto. Mas não me dei por satisfeito; faltava algo.

Afinal, depois de muitos anos trabalhando com populações carentes, me dei conta de que este artigo fala de um trabalho voltado para pessoas que têm um bom nível cultural e econômico, a clientela tradicional de OP, aquela que procura e frequenta consultórios particulares. Fiquei considerando elitistas este artigo e suas propostas, pois até aqui não havia a menor menção àqueles menos afortunados e com as mesmas dúvidas, ansiedades e incertezas quanto ao que escolher como profissão.

Escolha é escolha, independentemente da opção. Adolescente é adolescente em qualquer segmento social. Satisfação profissional vale para todos. Não importa se a escolha é entre engenharia e medicina, entre técnico em eletrônica e mestre de obras, ou ainda entre técnica em enfermagem e cabeleireira. Só mudam os nomes das profissões, os processos continuam os mesmos. O fulcro dessa questão no que tange a todos os segmentos sociais reside na escola.

CONCLUINDO E PROVOCANDO

Não gostaria de terminar este artigo sem expressar minha crítica ao sistema escolar e à *cultura escolar* em nosso país. Por certo ela não se aplica a todas as escolas, mas à maioria delas. É ensinada toda sorte de temas e conhecimentos, mas não se fomenta nas escolas nem o *autoconhecimento* nem o ato de *escolher*. Você consegue se lembrar de alguma aula que teve na escola cujo tema foi *escolha*? (Não estou falando de escolha da profissão, mas da roupa a vestir, do lugar a ir para lazer, do destino de uma viagem, do imóvel para morar, de fumar ou não, beber ou não, drogar-se ou não...) A vida é uma sucessão de escolhas! Parafraseando J. P. Sartre, quando disse que o homem está condenado à sua liberdade, digo eu, neste contexto, que o homem está condenado a escolher.

Minha provocação, meu chamamento para que você participe, é com o objetivo de que pense nessas questões e em como pode ajudar a transformar esse cenário. Caso o tema seja de seu interesse, sugiro que leia Burow e Scherpp (1985) e Lilienthal (2006). A Gestaltpedagogia tem muito a dizer sobre isso.

Caso queira um interlocutor para discutir a questão, entre em contato comigo! luiz@gestaltsp.com.br

Também estou disponível para discutir temas relacionados à OP.

Desejo-lhe escolhas felizes!

REFERÊNCIAS BIBLIOGRÁFICAS

BOHOSLAVSKY, R. *Orientação vocacional – A estratégia clínica*. São Paulo: Martins Fontes, 1977.

BUROW, O. A.; SCHERPP, K. *Gestaltpedagogia*. São Paulo: Summus, 1985.

CARVALHO, M. M. M. J. *Orientação profissional em grupo*. São Paulo: Psy, 1995.

GADAMER, H. G. *Verdade e método I*. Petrópolis: Vozes, 1997.

LILIENTHAL, L. A. *Educa-são: uma possibilidade de atenção em ação*. Tese (Doutorado em Psicologia) – Instituto de Psicologia da Universidade de São Paulo, 2004.

______. "Gestaltpedagogia: uma alternativa". *Revista Sampa GT*, São Paulo: Instituto Gestalt de São Paulo, ano 3, n. 3, 2006, p. 30-6.

6 O ADOLESCENTE COM TRANSTORNO DE CONDUTA – A CARÊNCIA AFETIVA POR TRÁS DA VIOLÊNCIA

SHEILA ANTONY

Adolescência é um período em que ocorre uma complexa transformação no ser humano. O jovem vive uma grande ebulição emocional, corporal, cognitiva e social. As mudanças em seu corpo provenientes de alterações neurofisiológicas determinam novas experiências sensoriais e mais complexas habilidades motoras, as quais atuam ampliando os processos cognitivos (capacidade de abstração, de elaboração mental, de simbolização), que, por sua vez, floreiam o campo afetivo-emocional do adolescente trazendo flutuações do humor, angústias sexuais, perturbações da imagem corporal, fantasias amorosas e um novo jeito de pensar a cultura em que vive e as leis sociais. No cerne desse processo de adolescer, emerge o drama psicológico da busca pela definição da identidade e do incipiente desejo de separação dos pais, que envolve experiências de autoafirmação e individuação cuja consequência é a oposição ao outro e, muitas vezes, a negação do outro (sociedade, pais, professores), suscitando a constante luta de poder travada entre indivíduo-outro-mundo. Esses fenômenos explicam o porquê de no adolescente os sintomas que delineiam o transtorno de conduta serem mais graves do que na criança.

O transtorno de conduta é um dos distúrbios psicossociais mais preocupantes hoje. Os encaminhamentos judiciais e escolares para atendimento psicológico têm aumentado consideravelmente devido ao comportamento violento assustador dessas crianças e adolescentes. Já não são jovens que apresentam uma simples desobediência ou rivalidade fraterna, que brigam com os colegas de escola, mentem, fazem furtos pequenos ou reagem com agressividade física e verbal devido a certas circunstâncias ambientais. São jovens com condutas antissociais, violentas e de teor maléfico indicadoras de perturbação significativa no funcionamento social, familiar, escolar e ocupacional. Apresentam comportamentos cruéis que humilham, ofendem, inibem, intimidam e constrangem professores, pais, irmãos, vizinhos etc. São adolescentes que praticam o ***bullying*** na escola ou na vizinhança, iniciam brigas com elevada agressão física, jogam cadeiras, batem em professores e colegas, usam facas para ameaçar as pessoas, picham, fogem de casa e da escola, e matam aula para ficar andando pela rua. Agora já existe o ***cyberbullying***, que é a violação da intimidade e a agressão moral às pessoas via internet. O quadro é sério e grave, portanto, requer uma intervenção ampla.

Participei como palestrante, em maio de 2010, de uma audiência pública na Câmara Legislativa do Distrito Federal para tratar dos desafios que esse transtorno vem impondo aos profissionais da saúde mental da rede pública. Lá, discutimos estratégias de intervenção relacionadas à escola, à família, à comunidade e ao adolescente, visando a uma ação em rede capaz de engajar profissionais de diversas áreas (assistentes sociais, psiquiatras, professores de artes, de educação física, entre outros), por entendermos que o transtorno não está somente no adolescente infrator, mas situa-se também na família e na sociedade. Essa abordagem que propõe uma articulação multiprofissional e atuante nos diversos ambientes relacionais do jovem se coaduna com a visão holística da Gestalt-terapia, que trata o ser humano e o mundo como um todo unificado que mantém uma ininterrupta interação de reciprocidade.

No pensamento holístico que funda a Gestalt-terapia, o princípio da totalidade enuncia que o todo está na parte e a parte está no todo. O teor desse princípio enfatiza que uma sociedade é construída e organizada pelos indivíduos que a compõem, assim como cada indivíduo sofre a influência da sociedade na constituição de sua subjetividade. Pode-se pensar então que a violência manifestada pelo adolescente tem sua raiz na violência (física ou psicológica) existente na família, que, por sua vez, sofre a violência da sociedade. Tudo que esse adolescente apresenta como desajuste comportamental é encontrado na realidade do mundo adulto. As psicopatologias reinantes denunciam o modo adoecido de viver de uma sociedade e da humanidade. Esse transtorno é fundamentalmente oriundo de disfunções relacionais no campo indivíduo/ambiente, que preponderam sobre as predisposições genéticas.

Vou tratar, neste capítulo, do transtorno de conduta em adolescentes do sexo masculino (cuja prevalência é maior do que no sexo feminino), considerando a dinâmica do campo familiar, os conflitos da adolescência e o funcionamento intrapsíquico do adolescente com conduta perversa, destacando os dilemas do contato e os ajustamentos defensivos tal como compreendidos pela Gestalt-terapia que atuam como bloqueios do contato.

O ADOLESCER

Adolescência é uma fase de intensas transformações biológicas, físicas e psicológicas que repercutem na estruturação da identidade, na visão de mundo, no vínculo de dependência instituído com os pais na infância. É um período de inquietação na mente e no corpo que impõe ao adolescente um mergulho no íntimo de si mesmo cujo processo o incita a aprender quem é, o que sente, o que pode fazer e o que quer vir a ser. O adolescente sofre as angústias da identidade sexual, da perda do corpo infantil, da busca de autonomia e independência para realizar escolhas existenciais que orientarão a assunção de papéis sociais, vocacionais, profissionais e pessoais.

Vive o adolescente um imenso desejo por autonomia e liberdade. Ele tem de viver intensamente, tem de valer a pena a vida, e, nesse sentido, muitas vezes, ele age sob o princípio da onipotência, ultrapassando os limites sociais e colocando-se em risco.

Adolescência é um período de emancipação dos pais e de todo sistema humano que venha a ditar crenças, normas e comportamentos se interpondo na manifestação da individualidade das vontades e ideologias pessoais. É o tempo de o adolescente questionar os introjetos sociais e familiares para que possa instaurar os próprios valores morais e éticos. A sociedade, assim, é posta em xeque devido ao idealismo que o adolescente carrega e o faz se indignar contra as injustiças, hipocrisias e falsidades do sistema social. Sonha com um mundo em que haja paz, amor, fraternidade e igualdade de direito entre as pessoas. Para o adolescente psicologicamente saudável, a violência social é agonizante, bem como a manifestação de qualquer tipo de violência intrafamiliar.

A Gestalt-terapia fundamentada em princípios filosóficos fenomenológico-existenciais enfatiza a relação como base do existir humano. Viver é conviver. Existir é coexistir. Sem envolvimento com o outro não há sentido para o eu – sua existência se torna vazia. Estamos sempre diante de outro ser, corregulando-nos no encontro. É na fronteira de contato que as experiências afetivo-emocionais acontecem, e é nessa troca intersubjetiva que tem início a formação da identidade, processo que envolve o reconhecimento do não eu e do outro em suas diferenças e semelhanças.

Fazer contato é relacionar-se, é envolver-se atentamente com o mundo ao seu redor. Estar em contato requer a capacidade de colocar-se diante de outro ser reconhecendo e aceitando suas diferenças e deficiências. Laura Perls (1994, p. 134) define contato como um "fenômeno que tem lugar no limite entre o organismo e o seu ambiente. Supõe reconhecer e fazer frente ao outro, ao que não é eu, ao que é diferente, estranho". É por meio dos encontros interpessoais que o conflito emerge e os ajustamentos criativos se manifestam visando à resolução das crises, ao bem-estar, à delimitação harmoniosa das fronteiras inter-humanas. O ser saudável aprende a não deixar o outro invadir sua fronteira e a não ultrapassar os limites toleráveis do outro. O adolescente com transtorno de conduta apresenta sérias dificuldades em fazer contato consigo e com o outro. Não consegue conectar-se ou entrar em contato com certos sentimentos e experiências que expõem sua vulnerabilidade e fragilidade. Ao ver o outro como ameaçador e desprezível, vai perdendo a capacidade de ser empático e de mostrar-se sensível.

No enfoque da Gestalt-terapia, o desenvolvimento do *self* e a maturação da fronteira de contato ocorrem simultaneamente. O *self*, como sistema de contato, organiza e regula as trocas com o ambiente, permitindo tanto intimidade/conexão quanto diferenciação/separação. Na adolescência, o indivíduo está o tempo todo tentando renegociar as fronteiras de seus campos relacionais mais importantes. McConville (1995) aborda a adolescência como um período em que três processos contribuem para a transformação da fronteira de contato.

- O adolescente está se desprendendo do campo familiar.
- A capacidade de interiorização do adolescente está aumentando.
- O adolescente está integrando as mudanças internas e externas – criando modalidades de contato/engajamento entre si-outro-mundo.

Numa perspectiva conceitual mais abrangente da teoria da Gestalt, distingo estes marcos existenciais vividos pelo adolescente:

- Ampliação da consciência da existência como um todo integrativo (corpo-mente-outro-ambiente).
- Redefinição das fronteiras do *self* (formas de autoexpressão) e das fronteiras do ego (escolhas de identificação e rejeição com a personalidade em definição).
- Reorganização das fronteiras de contato (reconstrução da relação com o outro, com o grupo, com os pais).
- Oposição aos introjetos familiares e sociais.
- Libertação da confluência familiar (abandonando o vínculo de dependência infantil).

A força crescente da consciência é um elemento importante na reorganização do funcionamento total (cognitivo, emocional, corporal, social) do adolescente. A consciência, sendo responsável pela capacidade de discriminar, organizar, elaborar os eventos vividos e percebidos, dando-lhes significado, leva o adolescente a refletir não somente sobre seus comportamentos e suas formas de relação mas também sobre os diversos outros eus que fazem parte de seu campo existencial e relacional. Nesse processo desenvolvimental de ampliação da consciência, os valores da família passam a ser questionados, discutidos, repensados e muitas vezes combatidos. A representação interna das figuras parentais passa por uma reconfiguração. O pai e a mãe deixam de ser mitos. O adolescente começa a perceber os pais como pessoas que possuem uma personalidade própria com defeitos e qualidades, deixando de ser vistos como seres perfeitos e indefectíveis, o que os torna sujeitos passíveis de críticas, desvalorização e confrontamento.

Nesse processo de desmistificação, um sentimento de ambivalência invade a relação com os pais – amor e ódio são vividos intensa e contraditoriamente. Ora os ama por ainda serem idealizados e oferecerem amparo contra um mundo que é opressor, injusto e temido (no entanto o seduz e desafia), ora os detesta por fazerem uso de sua autoridade parental para tolher seus desejos e vontades, por reconhecer que os pais ainda detêm o poder de estabelecer limites, fazer exigências, cobranças e assim interferir em sua liberdade de ser. Por conseguinte, o jovem apresenta grande instabilidade emocional e constantes flutuações de humor. Uma adolescente de 16 anos expõe espontaneamente em uma sessão terapêutica sua dificuldade em lidar com as mudanças emocionais imprevisíveis: "Eu mesma não me aguento. Tem hora que estou feliz da vida e de repente fico nervosa e choro só porque minha mãe me manda estudar ou arrumar meu quarto".

Na realidade, o adolescente precisa ter os pais como figuras de identificação (a fim de receber e assimilar os códigos morais e éticos pertencentes ao sistema familiar), porém, ao mesmo tempo, necessita se diferenciar deles, mostrar que agora tem opiniões distintas e existência própria, processo que lhe causa angústia e sofrimento. Nessa busca de individuação, o adolescente exercita a autoafirmação, busca confirmar a si mesmo para passar do suporte ambiental ao autossuporte. Nesse sentido, trata de negar o outro, dizer-lhe "**não**", opor-se àquele que é visto como um obstáculo ao apoderamento de si mesmo. Percebe que a individualidade pessoal só pode ser obtida mediante a separação progressiva dos pais, que requer a renúncia ao vínculo de dependência da infância para a passagem a uma nova relação – a interdependência adulta (que só vai ser atingida e compreendida mais adiante com o amadurecimento psicológico).

Ainda vinculado ao processo de integração das experiências internas com as externas, existe o drama vivido em relação ao corpo, cujas mudanças físicas trazem constrangimento, vergonha e temor para alguns. Os fenômenos psicológicos vividos abrangem desde a não aceitação da transformação do corpo (luto pela perda do corpo infantil), a recusa do corpo como objeto de desejo sexual, até a ansiedade em lidar com a excitação sexual organísmica (emergem experiências de autoerotização que induzem o adolescente a atividades masturbatórias). Esse é o período em que os transtornos alimentares (anorexia e bulimia) podem se manifestar devido às percepções distorcidas da imagem corporal. Esses transtornos contêm um núcleo conflituoso que revela uma relação adoecida da adolescente com seu corpo, sedimentado em uma ligação de ambivalência (amor/ódio, dependência/independência) entre a adolescente e a mãe. A ansiedade pelos desejos homossexuais também pode eclodir como consequência da excitante exploração corporal, dos relacionamentos afetivos mais íntimos que são procurados entre os adolescentes do mesmo sexo e do conflito revivido de identificação sexual/amorosa com as figuras parentais.

Diante dos imensos e intensos dramas (existenciais, psicológicos, biológicos e sociais) que a busca do apoderamento do eu traz ao indivíduo na adolescência, os comportamentos transgressores se tornam a consequência das atitudes onipotentes e do funcionamento egocentrista do jovem. Esse senso de onipotência, aliado ao desejo de aventura, faz que ele queira experimentar tudo e abuse de tudo (sexo, álcool, velocidade) e, desse modo, tenha comportamentos imprevisíveis, inadequados, delinquentes e transgressores.

O QUE É TRANSTORNO DE CONDUTA

O diagnóstico de transtorno de conduta (TC) é dado quando os sujeitos apresentam um padrão repetitivo e persistente de conduta antissocial, agressiva ou desafiadora (de acordo com a classificação da CID-10, 1993). Caracteriza-se por comportamentos em que são violados os direitos individuais dos outros e transgredidas normas ou regras sociais importantes, como:

- agressão/crueldade física frequente a pessoas ou animais;
- destruição de propriedade, patrimônio alheio (incendiar, quebrar);
- furto, roubo com armas;
- mentira para obter bens, favores, esquivar-se de obrigações;
- grau excessivo de desobediência, resistência à autoridade.

Ainda que haja distinções quanto à forma de manifestação do transtorno de conduta segundo a CID-10 (alguns apresentam o distúrbio somente restrito ao contexto familiar; outros têm o comportamento antissocial ou agressivo persistente nos relacionamentos sociais com outros adolescentes ou crianças – o subtipo não socializado –; e ainda há o subtipo socializado, observado em indivíduos bem integrados em seu grupo de companheiros), a perversidade faz parte do funcionamento intrapsíquico da pessoa com tendências antissociais. O adolescente com transtorno de conduta exibe certos modos pervertidos na relação com o outro. Segundo Zimerman (1999, p. 255), "a etimologia da palavra perversão resulta de *per + vertere*, o que quer dizer pôr às avessas, desviar. Tal sentido designa o ato de o sujeito perturbar a ordem ou o estado natural das coisas". A conduta desse adolescente pretende desafiar as leis, ele age com a intenção consciente de inverter a ordem social e a vida de seus semelhantes. É necessário, contudo, ter cuidado em não incorrer em um diagnóstico simples e precipitado, uma vez que "atos antissociais ou criminosos isolados não são em si mesmos base para o diagnóstico, o qual implica um padrão permanente de comportamento" (CID-10, 1993, p. 260). Portanto, para um diagnóstico correto, é importante que se constate repetição sistemática do comportamento cruel, agressivo, insensível.

De modo geral, o adolescente transgressor não é capaz de boas relações sociais. Os relacionamentos com adultos detentores de autoridade tendem a discórdia, hostilidade e ressentimento. Esses jovens, em sua maioria, apresentam rendimento acadêmico pobre (alguns têm muitas reprovações), devido a um desinteresse pelas questões acadêmicas, o que resulta em um histórico de fracasso escolar. Observa-se um frágil vínculo afetivo entre o adolescente e seus familiares, que é facilmente posto à prova quando age infringindo normas da casa, desobedecendo aos pais ou até mesmo quando desacata e questiona ordens e valores. Não tem nem sustenta amizades, a não ser com aqueles que possuem o mesmo modo de funcionamento disruptivo e antissocial. Esse adolescente chega ao serviço público, geralmente, por determinação judicial (encaminhamentos do Conselho Tutelar, Vara da Infância e da Juventude etc.). Raramente há uma procura por parte dos pais motivada por preocupação e cuidado com o filho. É natural, pois, que esses jovens e seus familiares apresentem enorme resistência em aderir ao tratamento.

O *bullying* é uma das formas de manifestação do adolescente com transtorno de conduta. Caracteriza-se por palavras ofensivas, atos de humilhação e intimidação, difusão de boatos, fofoca, exposição ao ridículo, acusações, insultos, atos sexualizados, ou ainda pela transformação de alguém em bode expiatório. Os *bullies* têm uma "antena" para encontrar nas pessoas os seus supostos defeitos: ser gorda ou magra demais, usar óculos, ser passivo ou bonzinho demais, ter religião, ser estudioso ou nerd, entre outros. Segundo Middelton-Moz e Zawadski (2007), quando a violência se dá em grupo e contra uma vítima, pode ser chamada de *mobbing*. Como exemplo, temos as gangues que atuam nas escolas e/ou na vizinhança. As crianças ou adolescentes alvos do *bullying* apresentam sérias perturbações emocionais. Alguns podem ficar deprimidos, recusar-se a ir à escola ou sair de casa, outros ainda podem vir a pensar em suicídio, conforme a gravidade da intimidação e perseguição sofrida.

Embora o transtorno tenha incidência superior em indivíduos do sexo masculino, o TC não é exclusivo de meninos, já vemos meninas agirem como *bullies*, atacando e ameaçando com o seu grupo outras meninas. As autoras Middelton-Moz e Zawadski (2007) acreditam que esses adolescentes se tornam *bullies* como proteção contra a dor e algum trauma durante o desenvolvimento psicoemocional. Sentem mágoa e raiva e frequentemente exercem o *bullying* da mesma forma que o sofreram. Em geral, vivem em ambientes psicossociais conturbados, hostis, negligentes ou ameaçadores, tendo relacionamentos familiares bastante insatisfatórios.

O DESENVOLVIMENTO DA PERVERSIDADE

De acordo com um estudo realizado por Resnick (1997, citado em Grant, Howard e Mortola, 2006), a conexão de uma criança com um adulto cuidador e a percepção que ela tem de sua família como um ambiente cuidador constituem a maior proteção contra um comportamento de alto risco. Um ambiente familiar equilibrado com relações interpessoais respeitosas é raro no percurso desenvolvimental do adolescente com TC. Este, quando criança, foi privado de experiências que confirmassem sua importância como pessoa, de momentos em que se sentiu tratado com justiça e atendido em suas necessidades afetivo-emocionais mais essenciais. Winnicott (1983, p. 97) descreve sua compreensão sobre o drama psicoemocional vivido por quem tem transtorno de conduta: "[...] em poucas palavras, a tendência antissocial representa a esperança de uma criança carente que, afora isso, é desgraçada, desesperada e inofensiva; a manifestação da tendência antissocial em uma criança significa que desenvolveu nela alguma esperança de achar um modo de superar um vazio".

Essas crianças e adolescentes carregam internamente uma profunda carência afetiva. Por trás do fortão e temido cara há uma criança ferida que lamenta a privação de carinho, a falta de reconhecimento de suas competências e a ausência de uma relação parental amorosa. Sofrem de um vazio afetivo que os puxa para uma posição depressiva, na qual resistem em entrar. Para muitos, as condutas agressivas destrutivas são seu principal recurso defensivo para fugir da depressão, uma vez que sentir-se triste corresponde a se colocar em um estado de vulnerabilidade, fragilidade e passividade, o que é ameaçador para sua existência.

Winnicott (1983, p. 70-4) ainda aborda uma experiência importante no desenvolvimento da criança, que se refere ao surgimento da capacidade de se preocupar como base do viver construtivo.

> Preocupação indica o fato do indivíduo se importar, ou valorizar, e tanto sentir como aceitar responsabilidade [...] O fracasso da mãe-objeto em sobreviver ou da mãe-ambiente em prover oportunidades consistentes para reparação leva a perda da capacidade de se preocupar e a sua substituição por ansiedades e defesas cruas tais como *splitting* e desintegração.

Para que ocorra o desenvolvimento da capacidade de se preocupar, é necessário que a relação com a mãe seja nutritiva emocional e fisicamente desde tenra idade. A mãe (ou a cuidadora) precisa ter a capacidade de receber toda forma de manifestação emocional, orgânica e instintiva da criança. É essa disponibilidade interna da mãe para satisfazer as necessidades integrais do bebê que a torna uma mãe continente, pronta para tolerar os choros, as raivas, as ansiedades, as excitações do bebê ou da criança sem afligir-se em demasia, sem entrar em desespero, sem condenar ou punir com severidade as suas expressões espontâneas. É essencial que a mãe tolere ser necessária ao seu bebê/criança.

O universo emocional e fantasioso da criança é complexo. São múltiplas as emoções e os sentimentos que ela pode expressar na interação com o ambiente (alegria, tristeza, medo, excitação, raiva). A raiva, entre elas, é uma das emoções mais proibidas, castigadas e temidas pelos adultos. É importante para o desenvolvimento psicoemocional saudável que a criança receba dos pais a permissão para manifestar a raiva, ter um ataque de birra e, em seguida, ver que lhe é concedida a chance de reparar o malfeito. Assim como é valioso ver os pais sentirem raiva dela (ou de outra pessoa/situação), mas serem capazes de perdoar, para assim compreender que a raiva passa e não é destrutiva da relação e do amor existente entre eles. Essa estrutura de experiência ensina a criança a regular suas emoções, a preocupar-se com o próximo, a entender a importância do respeito mútuo entre as pessoas e a agir construtivamente segundo uma ética humana. O sentimento de culpa só é experimentado e integrado ao universo psíquico da criança quando ela percebe uma via de escape para liberar, de forma restauradora, a ansiedade por suas condutas destrutivas contra as figuras significativas amadas. A necessidade emocional de consertar aquilo que foi danificado é o fator determinante para o desenvolvimento do senso de responsabilidade (e de culpa) para com os outros.

Quando não há um ambiente familiar em que as figuras parentais mostram atitudes de bondade e tolerância e, ainda, quando os pais (ou cuidadores) apresentam um padrão hostil de interação, cheio de reclamações e punições, a criança não consegue internalizar as figuras parentais como um todo integrado, que reúne as qualidades do bom e do mau simultaneamente. Ela então criará uma representação parcial, apenas do aspecto mau e persecutório. A personalidade passa a funcionar cindida, com aspectos contraditórios convivendo dentro dela, levando a pessoa a oscilar entre agir como uma boa ou má pessoa. Um adolescente de 17 anos expressou claramente essa ambiguidade: "Sou duplo, tenho uma bipolaridade em mim. Sou bom e sou mau; aliás, sou mais mau do que bom".

Com base em minha vasta experiência com esses adolescentes, quero pontuar a importância do pai, como representação do masculino (e da lei), na formação dessa patologia. Esse distúrbio psicológico se instala não apenas por uma deficiência na relação mãe-criança, mas primordialmente devido a falhas no sistema moral decorrente de certo desajuste emocional da figura paterna. É o masculino (representado pelo pai) que na sua deficiência moral e insuficiência afetiva determina o surgimento do jovem transgressor. Existem muitos adolescentes com TC que não tiveram a presença do pai, assim como existem aqueles que convivem com seus pais no dia a dia da família. Não basta a ausência do pai na história de vida da criança para impelir o jovem para o mundo marginal (a não ser que o pai seja ou tenha sido um transgressor e a mãe continuamente se refira a ele ressaltando suas condutas marginais). Se o pai mantém-se presente na vida da criança e serve de espelho moral ao filho, mesmo separado da mãe, dificilmente haverá solo para o transtorno de conduta. No entanto, se o pai é omisso e ausente ou um mau exemplo de comportamento (é usuário de drogas e/ou álcool; mente a todos; engana, agride fisicamente a mãe; desqualifica os valores e as correções da mãe e dos outros), não servirá como objeto de identificação positiva. Esse adolescente, então, não internalizará o pai como representante da lei, que é investida de proibições e condenações. Por isso, o adolescente infrator não apresenta freios éticos, já que o crime, para ele, não tem punição. Dessa forma, não sente temor nem angústia.

Cito, como exemplo, um garoto de 15 anos que já havia sido expulso de duas escolas particulares e estava ameaçado de nova expulsão devido a seu comportamento desrespeitoso com as professoras e os colegas. Muito amorosa e tolerante com as condutas erráticas do filho, a mãe sempre compreendia e justificava suas agressões, mentiras etc., e ainda tinha de protegê-lo dos ataques de fúria do pai. Este, por sua vez, gabava-se de ser o único a quem o filho obedecia e temia. Zombava das professoras que não conseguiam ter moral com ele e principalmente da mãe, que julgava uma fraca por não saber impor limites. O que o adolescente aprendeu foi a agir com sedução com a mãe, fingimento com o pai (omitia e mentia sobre suas condutas inadequadas e notas baixas na escola), e com desafio, oposição, mentira e agressão com todos os adultos.

Encontramos tais adolescentes tanto em famílias de baixa renda (como maior fator de risco) como nas de alto poder aquisitivo. Não é raro depararmos com filhos de advogados, delegados, militares, policiais, juízes, professores etc. com esse perfil psicológico (falha moral, ausência de culpa, necessidade de poder e liberdade interior sem limites). O meio familiar que favorece o transtorno de conduta é aquele em que há discórdia, desrespeito e desamor entre os pais, incluindo aquele em que há pais com transtornos mentais. Além desses tipos, há os pais passivos, ausentes, omissos, que não se preocupam em ensinar valores morais (o que é certo/errado; o que é bom/mau) nem sabem fazer uso da disciplina de forma coerente.

As autoras Middelton-Moz e Zawadski (2007) falam de crianças que são "maiores" que os adultos de suas vidas. São aquelas que são deixadas para criar a si próprias ou para ser criadas por outras crianças (irmãos mais velhos) sem um referencial de adulto que lhes dê controle, limites, proteção, segurança. Desenvolvem precocemente seus próprios limites internos, passando a não aceitar os limites externos impostos pelo outro. Desse modo, destituem o adulto de poder e autoridade, vivendo em constante conflito com aqueles que representam a lei. Um adolescente de 14 anos criado apenas pela mãe, que o deixava sozinho em casa desde os 8 anos para ir trabalhar, começou a consumir bebida alcoólica, ter uma vida sexual ativa, desobedecer à mãe, brigar na escola com colegas e confrontar os professores. Julgava que ninguém mandava nele, muito menos a mãe que o largava o dia inteiro para trabalhar e ainda ao chegar em casa só se preocupava em cobrar as tarefas domésticas designadas. No fundo, sofria a solidão, o abandono, a falta de uma relação cuidadora com a mãe.

OS DILEMAS DE CONTATO E OS AJUSTAMENTOS DEFENSIVOS

Os dilemas centrais do adolescente com transtorno de conduta são: certo × errado; bom × mau; construtivo/criativo × destrutivo. Na clínica, observo que as crianças e adolescentes perversos, com condutas antissociais, têm a inveja e o ciúme como afetos que alimentam suas condutas agressivas/destrutivas. Sentem muito ciúme do irmão ou irmã por julgarem que os pais sempre dão a mais ou o melhor ao outro. A inveja emerge como sentimento que os impulsiona a "tirar" do outro aquilo que lhe foi "tirado". Sentem-se privados e roubados da atenção e do afeto parental, a partir de dado período ou evento de vida que os faz acreditar que o ambiente lhes deve algo. Carregam uma ferida narcísica, uma marca doída no orgulho e amor-próprio, que os leva a enveredar pelo caminho do prazer em destruir vínculos e detonar a autoestima do outro. Um interessante fenômeno ocorre na história das condutas infratoras dessa criança: o primeiro furto, na maioria das vezes, é de algo da mãe (dinheiro, vale-transporte etc.), só depois se estende para objetos do pai, familiares e colegas de escola.

A noção de certo e errado que direciona a escolha de suas condutas torna-se conflituosa, uma vez que vê os pais agindo errada e injustamente ao corrigirem seus atos (às vezes privilegiando um irmão em detrimento dele, outras vezes castigando-o severamente), com valores morais incoerentes. Dessa maneira, é impulsionado a criar seu código moral, as próprias leis que lhe dão um elevado sentimento de poder e liberdade interior. Ser bom já não vale a pena, pois não tem retribuição afetiva. O mal compensa, encobre a dor ligada ao amor que lhe foi retirado. A capacidade de construir, reparar e compensar vai, assim, sendo abandonada.

A GT considera os comportamentos criados (problemáticos ou não) para solucionar situações, conservar a harmonia e manter a saúde do organismo ajustamentos criativos. Trata-se de um processo dinâmico e ativo de interação do indivíduo com o ambiente que visa à satisfação das necessidades primordiais que clamam por atenção em dada situação. Os ajustamentos criativos defensivos mais utilizados por esses adolescentes transgressores, com a função de verdadeiros bloqueios do contato, são: o egotismo, a projeção, a deflexão, a dessensibilização. Na literatura da Gestalt-terapia, são reconhecidos nove processos de interrupção do contato (fixação, dessensibilização, deflexão, introjeção, projeção, proflexão, retroflexão, egotismo e confluência), os quais constituem mecanismos psicológicos defensivos que visam inibir a consciência de sentimentos, pensamentos, necessidades e comportamentos geradores de ansiedade que colocam em risco a relação com o outro significativo (Antony, 2009). Esses ajustamentos defensivos formam dinâmicas internas e relacionais cujos padrões de comportamento fixados bloqueiam a expressão original das necessidades da pessoa, sinalizando que uma necessidade importante está insatisfeita e, por consequência, uma *Gestalt* está aberta. Cada forma de psicopatologia tem seus mecanismos de ajustamento defensivo específicos que retratam um conflito psicológico particular calcado em experiências introjetadas.

Os adolescentes com transtorno de conduta carecem da retroflexão (ajustamento defensivo de repressão dos impulsos/emoções) e utilizam a proflexão de forma invertida. Pais saudáveis ensinam a criança, desde cedo, a fazer ao próximo aquilo de bom que gostaria que fizessem a ela, sendo esse o cerne do processo da proflexão. O adolescente, no entanto, inverteu essa premissa, aprendendo a fazer ao próximo aquilo de ruim que lhe fizeram. Recusa a posição de vítima e coitadinho, daí não recorrer à retroflexão como recurso psíquico de contenção dos impulsos agressivos. Por identificação introjetiva, repete com os outros aquilo que sofreu. Introjetou uma estrutura de experiência em que ser bom não compensa, por não ter tido oportunidade de reparar certas condutas más, por ter vivido situações humilhantes e desqualificadoras ou, ainda, por não ter sido ensinado sobre limites quanto ao exercício do poder e respeito ao outro.

Essa criança ou adolescente, então, passa a desafiar, roubar, ultrajar a ordem mundana instituída, **projetando** sua raiva nos outros (imagina que todos têm raiva dele). Por acreditar que são merecedores de punição e perseguição (assim como ele foi), sua consciência é totalmente destituída de culpa. As manifestações psicopáticas, portanto, são dirigidas contra as ansiedades paranoides e não contra a culpa, com o intuito de manter o superior poder do eu destrutivo (Zimerman, 1999). Assim, impede-se de entrar em contato com o eu frágil e carente, fazendo uso da **deflexão** como ajustamento defensivo de evitação a qualquer situação ou pessoa que o coloque em posição de vulnerabilidade.

O adolescente perverso, agindo sob os efeitos do eu poderoso, procura dominar, tomar posse do outro. Funcionando nesse modo **egotista**, tem posicionamentos fortes, mostra resistência em perceber as necessidades alheias, em aceitar as opiniões e os direitos das outras pessoas. Detesta ser frustrado e usa os outros para satisfazer sua necessidade de poder e prazer sádico. A insensibilidade com os sentimentos alheios é notável, resultado desse **egotismo** e do processo de **dessensibilização** que o impede de sentir a dor do outro (e a própria dor), de ter empatia e até de amar.

Sintetizando, o funcionamento intrapsíquico desses adolescentes insensíveis e violentos mostra que são pessoas com uma visão parcial e fragmentada de si e do mundo. Agem sob a ilusão de ter um eu todo-poderoso que prima por ocultar um autoconceito depreciativo, uma carência afetiva, sentimentos de insegurança e rejeição que marcaram a sua vida relacional na infância.

O CAMINHO TERAPÊUTICO

O adolescente com TC precisa de ajuda para penetrar em seu drama psicoemocional e assim compreender seu mundo subjetivo. O foco do trabalho terapêutico é promover a habilidade para o contato, mediante a criação de um vínculo de confiança, construído pela capacidade do terapeuta de oferecer suporte afetivo e emocional. É essencial que o adolescente tome consciência da importância da relação como base da existência humana, e do valor de sua presença para o outro, de forma que seja despertada a vontade de dar e receber respeito, amor, consideração, amizade.

Eis algumas sugestões para conduzir o processo terapêutico:

- Trabalhar para formar a aliança, o vínculo terapêutico. Se o adolescente não confiar, não se sentir acolhido e respeitado, se não perceber que há um interesse real do terapeuta em cuidar, nada acontecerá.
- Buscar o engajamento dos pais no trabalho terapêutico, visando à restauração do vínculo, à diminuição ou eliminação do padrão de interação abusivo e ensinando formas saudáveis de comunicação e disciplina.
- Ajudar o adolescente a se tornar mais habilidoso no contato com o outro, a desenvolver a habilidade emocional

para responder de maneira equilibrada às frustrações e aos limites sociais com autossuporte.

- Desenvolver sentimentos de solidariedade humana. Adquirir capacidade de sentir o outro, de ter corresponsabilidade com o bem-estar alheio.
- Enfocar a consciência. Ensinar a refletir (nas consequências de seu ato para si e para o outro) antes de agir, a fim de trabalhar seus impulsos agressivos e destrutivos. Oferecer experimentos com fantasia dirigida, reconstituindo as cenas negativas para que tenham um fechamento saudável e satisfatório.
- Substituir os conceitos negativos e maus de si por aspectos positivos. Descobrir as qualidades que estão ocultas e negadas, e trabalhar as habilidades já existentes.
- Realizar experimentos com as polaridades identificadas (confrontar as características más e as suas opostas para promover a integração dessas partes em sua personalidade).
- Propiciar oportunidades de experiências e atividades construtivas, criativas, cooperativas e reparadoras (para transformar suas intenções e atos destrutivos) em oficinas terapêuticas e ocupacionais, e no próprio contexto clínico. A autoaceitação vem com o crescimento do amor-próprio, ao ser vivenciados experimentos de autonutrição.
- Esclarecer e trabalhar suas fantasias paranoides, seus medos e ansiedades, suas crenças distorcidas (introjeções tóxicas) que levantaram suas defesas contra um mundo visto como hostil, desprezível e repleto de abandono.

Além dessas contribuições voltadas ao atendimento clínico, considero extremamente importante pensar em mudanças na base da grade curricular escolar. É necessário voltar a ter preocupação com a formação integral humana.

Incluir filosofia, educação religiosa, educação ambiental, educação moral e cívica. Já é tempo de as escolas públicas pensarem em formas de incluir os pais no sistema educacional. Criar atividades ocupacionais para aquelas mães carentes que não trabalham, de modo que os filhos vejam que estão tendo ações construtivas e cooperativas com a instituição escolar. O que proponho é uma escola engajada com a cultura e a sociedade na qual está inserida, uma escola comprometida com o desenvolvimento da pessoa como um todo.

No Distrito Federal, após um debate cujo tema era "Criança e adolescente: prioridade absoluta", realizado pelo Conselho dos Direitos da Criança e do Adolescente (CA-CA/DF), no dia 21/9/2010, as autoridades competentes assinaram um termo de compromisso para implementar mecanismos, estrutura e recursos humanos qualificados, voltados para a atenção especializada para crianças e adolescentes com transtorno de conduta no âmbito das escolas públicas. Concluiu-se que tratar crianças ou adolescentes com TC requer o envolvimento de várias especialidades profissionais e amplas intervenções nos diversos campos relacionais. Esses jovens precisam de uma equipe multiprofissional dedicada a eles, composta de psicólogo, psiquiatra, assistente social, psicopedagogo, terapeuta ocupacional e outros profissionais das áreas de arte, cultura, música, dança, esportes etc. Necessitam da articulação de uma rede de instituições (ONGs, escoteiros, bandeirantes, corpo de bombeiros, centros de convivência) para as quais possam ser encaminhados para praticar atividades que desenvolvam e fomentem sua capacidade de cooperar, que despertem seu potencial criativo, para que tenham, assim, a chance de restaurar a autoestima. A esperança de cura surge quando o adolescente vê que alguém se importa com ele e, assim, vislumbra uma possibilidade de inclusão nesse mundo cheio de contradições.

O olhar holístico da Gestalt-terapia propõe cuidar do todo: do adolescente; da família adoecida em suas relações; da escola; da sociedade atual, materialista, que impulsiona os cidadãos à competitividade, à individualidade, ao fechamento das fronteiras com o ambiente, a querer o ter e não o ser. A tarefa gestáltica consiste em despertar a visão do homem como um ser total e integrado ao mundo (ser ecológico e não egológico), que sofre influência e influencia, que transforma e é transformado, e, portanto, é sujeito ativo e responsável pelos acontecimentos mundanos ligados à vida humana.

CONSIDERAÇÕES FINAIS

A Gestalt-terapia fundamentada em princípios filosóficos fenomenológico-existencialistas ensina que a relação é a base do existir humano. Viver é conviver, é uma constante transação afetiva em que o desejo de contato é a semente do processo de abertura ao outro. Voltaire, décadas atrás, afirmou que se educarmos as crianças não será preciso punir os adultos. Criança precisa de amor, respeito, aceitação, limites, confrontações e correções educativas para que possa formar uma consciência crítica e ter um crescimento emocional saudável. Tais atitudes praticadas pelos cuidadores incentivam o desenvolvimento de uma autoestima positiva, do senso de responsabilidade por suas ações e da formação do sentimento de pertencimento ao grupo familiar e à sociedade, fundamentais para a criação do respeito ao próximo e para o reconhecimento do valor do outro em sua vida.

O transtorno de conduta é uma patologia da ausência de ética, da falta de valores morais no indivíduo, cujo cerne é a inexistência do sentimento empático com o outro humano. O ensinamento crístico "Amai ao outro como a si mesmo" não é possível de ser seguido, uma vez que não amam a si próprios por não terem tido a experiência de serem amados. São pessoas que carecem da preocupação com o existir alheio, porque deixaram de se preocupar com a própria existência. Os sentimentos de rejeição, medo, ciúme e inveja foram transformados em raiva e em impulsividade agressiva, devido às constantes frustrações oriundas de necessidades físicas e emocionais não satisfeitas que criaram uma profunda carência afetiva. Esse modo patológico de existir desaparece (ou diminui) quando, de certa forma, é preenchido o vazio afetivo, quando o jovem consegue retomar um pouco da antiga relação satisfatória com uma figura cuidadora.

A ação do psicoterapeuta gestáltico para tratar esses adolescentes pode ser mais ampla e viva. Devemos ultrapassar as paredes do consultório e ir à comunidade, à escola, à residência da família, às instituições para dar palestras, capacitar os professores e outros profissionais envolvidos na assistência a esses adolescentes transgressores que sonham com um lar e uma família estruturada.

O caminho de resgate desses jovens do tormento existencial em que vivem é o da conscientização de que são um ser-no-mundo, um ser-com-o-outro, um ser-para-o-outro, com todas as implicações angustiantes que essa noção filosófica possa trazer. Nessa patologia, mais do que nunca precisamos visualizar as intrínsecas forças interatuantes do todo sobre as partes e das partes sobre o todo (a interdependência entre sociedade-família-indivíduo). Somos uma totalidade em ação. Temos dentro de nós disponíveis todas as emoções e sentimentos que nos transformam em anjos e/ou demônios. Podemos ser generosos e egoístas, malvados e bondosos, sentir amor e ódio como resposta aos dilemas de contato que emergem no campo organismo/ambiente. A diferença está na existência de uma estrutura mental e emocional que dê um sentido interno de certo e errado, de bom e mau.

O indivíduo saudável consegue ter uma percepção dos aspectos saudáveis do outro, possui a capacidade de regular a expressão emocional que causa danos ao outro, é tomado pelo sentimento de empatia com os outros e se deixa guiar por uma incansável busca de harmonia, felicidade e autorrealização. É a expressão maior do bem que há em cada um de nós que pode transformar essa tragédia humana social. O mal se vence com o bem. É o amor que tem o poder de restaurar. "Se amais somente os que vos amam, que recompensa tereis?" (Mt 5:46).

REFERÊNCIAS BIBLIOGRÁFICAS

ANTONY, S. M. R. "Os ajustamentos criativos da criança em sofrimento: uma compreensão da Gestalt-terapia sobre as principais psicopatologias da infância". *Revista Estudo e Pesquisas em Psicologia*, Universidade do Estado do Rio de Janeiro, v. 9, n. 2, 2009. Disponível em: <www.revispsi.uerj.br/v9n2/artigos/pdf/v9n2a07.pdf>. Acesso em: fev. de 2013.

GRANT, S.; HOWARD, H.; MORTOLA, P. *Bam! Boys advocacy and mentoring. A guidebook for leading preventative boys groups.* Portland, Oregon: BAM Press, 2006.

MCCONVILLE, M. *Adolescence: psychotherapy and the emergent self.* São Francisco: Jossey-Bass, 1995.

MIDDELTON-MOZ, J.; ZAWADSKI, M. L. *Bullying: estratégias de sobrevivência para crianças e adultos.* Porto Alegre: Artmed, 2007.

ORGANIZAÇÃO MUNDIAL DE SAÚDE. *Classificação de transtornos mentais e de comportamento da CID-10: descrições clínicas e diretrizes diagnósticas.* Porto Alegre: Artes Médicas, 1993.

PERLS, L. *Viviendo en los limites.* Valencia: Promolibro, 1994.

WINNICOTT, D. *O ambiente e os processos de maturação: estudos sobre a teoria do desenvolvimento emocional*. Porto Alegre: Artmed, 1983.

ZIMERMAN, D. E. *Fundamentos psicanalíticos: teoria, técnica e clínica*. Porto Alegre: Artes Médicas, 1999.

7

CINE-FÓRUM – O TRABALHO TERAPÊUTICO COM ADOLESCENTES EM CONFLITO COM A LEI

RAFAEL RENATO DOS SANTOS

"O Homem nasce livre e por todo lado está acorrentado. Mesmo quem se julga senhor dos outros; este ainda é mais escravo do que eles."
(JEAN-JACQUES ROUSSEAU)

Neste capítulo, gostaria de compartilhar uma técnica que descobri de maneira experimental – porém não acidental – seguindo o norte gestáltico em sua visão holística de mundo e de pessoa. Aliás, quanto de Gestalt-terapia não foi descoberto por meio da prática norteada por esse olhar?

Nos últimos anos, tenho presenciado o uso, cada vez mais frequente, do cinema em sua interface com a psicologia. Essa prática, embora massiva e aparentemente familiar, ainda esbarra em alguns desvios no caminho que conduz ao uso do cinema como instrumento de trabalho dos profissionais de ajuda. Percebo que o esforço da psicologia tem sido o de restringir-se ao papel de provedor de arcabouço teórico, fadado à mera interpretação dos simbolismos "ocultos" nas produções cinematográficas. A esse tipo de uso, denominamos análise fílmica. Dessa forma, o que de fato se observa é uma psicologia preocupada com a "análise" dos elementos técnicos e psicológicos presentes nas tramas. Os psicólogos, por sua vez, vistos como mestres possuidores de uma sabedoria hermética, têm sido convocados para "desvendar" os segredos supostamente "inconscientes" que subjazem "ocultos" à maioria compacta. Em síntese, o serviço a que tem se prestado a psicologia em sua interface com a sétima arte tem sido o de criar um debate, um parecer, um ponto de vista psi sobre os fatos e a vida – como se fosse possível teorizá-la.

De igual modo, o sentido que se tem dado ao uso dos filmes tem sido o de encontrar uma possível "moral da história" – por meio de um olhar puramente analítico –, abandonando as diversas possibilidades de desdobramentos mais terapêuticos. Enfim, não é objetivo deste capítulo definir o uso do cinema por aquilo que não é.

A meu ver o cinema nos aponta um caminho para o trabalho com os dilemas mais singulares da existência humana, servindo-nos também como guia de exploração da capacidade de autorregulação vivida por todo organismo em sua busca pela autorrealização. Nele vemos expressas as tentativas, as frustrações, as conquistas, as fantasias, os declínios, as polaridades, os desafios, as decepções, o desespero, a humilhação, a esperança e a proposta existencial de superação em suas mais diversas configurações.

De acordo com Yontef (1998, p. 16):

> A Gestalt-terapia trata tanto o que é sentido "subjetivamente" no presente, como o que é "objetivamente" observado, como dados reais e importantes. Isso contrasta com abordagens que tratam o que o paciente experiencia como "meras aparências", e usam a interpretação para buscar o "significado verdadeiro".

É na percepção do impacto ocasionado pelo contato com o filme que está o foco do trabalho terapêutico com o uso do cinema. Pois, conforme nos apresenta Yontef (1998, p. 21), mais do que qualquer outra terapia, a Gestalt-terapia enfatiza que, o que quer que exista, é aqui-e-agora, sendo a experiência mais confiável do que a interpretação.

Ao discorrer sobre o trabalho realizado com um grupo de adolescentes em conflito com a lei cumprindo medida socioeducativa de privação de liberdade, internos da Fundação Centro de Atendimento Socioeducativo ao Adolescente (Casa), gostaria de apresentar a técnica que se utiliza do cinema como:

1. poderoso recurso dos profissionais de ajuda que trabalham com grupos;
2. promotor do resgate de experiências;
3. facilitador do diálogo com as resistências;
4. facilitador do processo de tomada de consciência (*awareness*) e, consequentemente, do crescimento psicológico etc.

Além disso, gostaria de ressaltar a diferença básica existente entre a análise fílmica e o trabalho terapêutico com o uso dos filmes. A primeira é compreendida como ferramenta exclusivamente intelectual e neutralizadora da ação do sujeito; já a segunda, imbricada na proposta gestáltica de trabalho, valoriza a ação do sujeito sobre aquilo que percebe, sente, fantasia etc., auxiliando-o a dar-se conta de seus processos e vivências mobilizados pelo contato com o cinema.

Convém esclarecer que o filme em si não é uma modalidade terapêutica, mas um facilitador semelhante ao uso do microscópio no campo da biologia. O microscópio não é o fim, é o meio. O que torna o trabalho com filmes uma tarefa terapêutica? O direcionamento, o preparo e a sensibilidade do profissional que, em Gestalt-terapia, não se ausenta do processo.

A proposta do trabalho terapêutico com o uso do cinema é, portanto, um chamado à expansão de nossas fronteiras profissionais de contato, pela reconfiguração da forma como fazemos uso desse recurso tão nobre.

O PROJETO CINE-FÓRUM

Inicialmente, Cine-Fórum foi o nome escolhido para o projeto que visava abrir um espaço para que os adolescentes pudessem dar voz às suas percepções acerca dos temas suscitados pelos filmes assistidos. Com o passar dos dias, percebi tratar-se de um espaço aberto ao trabalho terapêutico, que possuía como pano de fundo as obras cinematográficas.

A proposta se desenvolveu numa das unidades da Fundação Casa do Estado de São Paulo – instituição vinculada à Secretaria de Estado da Justiça e da Defesa da Cidadania, que tem a missão primordial de aplicar medidas socioeducativas de acordo com as diretrizes e normas previstas no Estatuto da Criança e do Adolescente (ECA) e no Sistema Nacional de Atendimento Socioeducativo (Sinase). A Fundação Casa presta assistência a adolescentes – entre 12 e 21 anos incompletos – autores de ato infracional e às suas famílias. As medidas socioeducativas de privação de liberdade podem ser de internação e semiliberdade, e são determinadas pelo Poder Judiciário.

No caso em questão, o grupo que compunha o Cine-Fórum foi formado num centro de internação, no qual estavam inseridos adolescentes autores de atos infracionais tipificados como roubo, tráfico de entorpecentes e homicídio. O grupo do Cine-Fórum era realizado com apenas 16 dos adolescentes desse centro.

Os encontros eram semanais. Neles, fazíamos a apresentação de um filme, seguida pela descrição, por parte dos adolescentes, das percepções e do impacto que a história assistida havia provocado em cada um. Quando oportuno, propúnhamos experimentos com a finalidade de explorar essas percepções e a forma como os adolescentes as conduziam, facilitando a tomada de consciência sobre conteúdos pessoais e coletivos suscitados.

Nesse trabalho, minha tarefa maior era estar atento aos contatos feitos com o filme, aos processos decorrentes deles e à consequente tomada de consciência ou ausência desta. Em outras palavras, a tarefa básica era acompanhar o fluxo de *awareness* ou sua interrupção.

Confesso que, a princípio, diversas foram as minhas dificuldades em estabelecer uma postura desprovida de julgamentos prévios e um olhar fenomenológico diante dos filmes, uma vez que estes são um convite à interpretação, ao parecer e à análise. No entanto, o pano de fundo gestáltico, focado no aqui-e-agora da experiência e no movimento pessoal ante o presenciado, fez que meus pés se mantivessem no solo.

Fiquei feliz quando ouvi dos adolescentes a mesma dificuldade, aquele obstáculo básico de concentrar-se na experiência pessoal e a tendência a ceder aos apelos do falar sobre, do blá-blá-blá, do discurso generalista. Percebi que nesse instante ultrapassávamos a barreira dos clichês para uma experiência mais autêntica diante do trabalho realizado.

Corroborando esse pensamento, Rodrigues (2009, p. 57) diz: "Tal estratégia visa evitar o problema ocasionado quando pensamos que vivemos, e não vivemos de fato; quando tendemos a substituir nossas experiências por explicações da experiência, trocamos fatos vividos por discursos proferidos".

Quão grande não foi minha surpresa quando me dei conta de que o enfoque fenomenológico constitui a pedra angular sobre a qual o trabalho terapêutico com filmes se firma, pois sem ele não é possível manter os pés no chão, a presença no aqui-e-agora essencial para que seja possível ser testemunha dos próprios processos, sensações, fantasias etc.

Mais adiante, compartilho algumas das falas dos adolescentes, resultantes dos experimentos propostos ao longo do trabalho terapêutico com o uso dos filmes. Imagino que tais falas representaram não um discurso enviesado pela vivência institucional, mas, como dizia Buber, foram transmissoras do Ser daqueles adolescentes, marcados por experiências existenciais das mais diversas, por sofrimentos dos mais rigorosos e, de igual modo, presenteados com olhares dos mais realisticamente brilhantes, vez ou outra, preenchidos por sutis pedidos de desculpas, pelo desejo de reconstrução de suas histórias e de novos ajustamentos diante de si mesmos e da vida.

FUNDAMENTOS

Até aqui, foi possível expor, *grosso modo*, o trabalho desenvolvido e sua natureza epistemológica. No entanto, gostaria de dedicar uma parte deste capítulo para apresentar o lugar de onde parti e no qual permaneci na execução do Cine-Fórum.

Considero necessária a delimitação dos limites do trabalho terapêutico em sua base, isto é, em sua fundamentação teórica, pois é nisso que reside a distinção essencial entre este trabalho e os demais usos do cinema em sua interface com a psicologia.

Como ficou expresso desde o início, nosso referencial teórico é a Gestalt-terapia (GT). Vale lembrar que a GT constitui-se de múltiplas influências, didaticamente subdivididas em: teorias de base e filosofias de base. Em suas teorias, destacam-se a psicologia da Gestalt, a teoria de campo e a teoria holística e organísmica. As filosofias de base, por sua vez, se dividem em humanismo, existencialismo e fenomenologia.

Não é intenção deste capítulo oferecer uma noção aprofundada das teorias e filosofias. Apesar de assinalar apenas alguns pontos de ambas, isso não significa que seja possível uma prática em GT que não esteja imbricada em todas elas.

É comum pensarmos em GT como um quebra-cabeça, *a priori*, sem muito nexo; no entanto, "o nexo do quebra-cabeça está exatamente não nestas partes, mas no conjunto delas, que, construídas, perfazem um todo harmônico e coerente" (Rodrigues, 2009, p. 11).

Assim sendo, qual a visão de mundo e de pessoa contemplada pela GT? Como esse referencial interfere na distinção entre o trabalho terapêutico com o uso do cinema e a análise fílmica? A resposta para essas questões é imprescindível para a delimitação entre as duas atividades e para o estabelecimento da técnica do uso terapêutico dos filmes.

A GT inclui a compreensão do ser humano como um ser em totalidade, em processo e em relação com o mundo. É a proposta de um modelo de psicologia diferente dos preexistentes pelo fato de não possuir uma teoria explicativa, determinista, causalista, estatística sobre o mundo.

Dessa forma, não possui uma "teoria de personalidade" que se equipara às demais abordagens da psicologia; não aponta para um "tu deves" teórico, para um modelo de ser humano ideal, apriorístico; antes, indica a compreensão de COMO o sujeito está e de COMO este pode ser, tendo em vista suas necessidades, potencialidades e as possibilidades oferecidas por seu contexto.

Nas palavras de Yontef (1998, p. 22):

> Na Gestalt-terapia não existe "deveria"(as). Em vez de enfatizar o que deveria ser, enfatiza a *awareness* do que é. *O que é é*. Isto contrasta com qualquer terapeuta que "sabe" o que o paciente "deveria" fazer.

Outro aspecto importante da GT é o uso do método fenomenológico, por meio do qual busca realizar uma DESCRIÇÃO dos fenômenos tais quais eles se revelam à consciência do indivíduo, resgatando a experiência imediata do sujeito.

Assim, destaca-se fundamentalmente das demais abordagens por não propor uma INTERPRETAÇÃO sobre os fenômenos, um juízo de valor *a priori*, uma razão subjacente etc.

Na fenomenologia, resgatamos a percepção autêntica do mundo e das coisas que nos cercam, na intenção de nos desfazer de toda crença construída e mantida como natural, perpetrada pela reprodução automática, seja pela cultura, pela educação que recebemos, pela tradição moral da qual fazemos parte. Trata-se, portanto, de uma atitude revolucionária da consciência, na tentativa de libertar-se de conceitos, de construções teóricas – sedimentadas inclusive pelas abordagens psicológicas –, e, até mesmo, de uma crítica sobre o processo pelo qual percebemos a nós e ao mundo que nos cerca e do qual somos parte.

Merleau-Ponty (1994, p. 1-2) nos aponta uma definição de fenomenologia ao afirmar que esta é:

> [...] uma filosofia transcendental que coloca em suspenso, para compreendê-las, as afirmações da atitude natural, mas é também uma filosofia para a qual o mundo já está sempre "ali", antes da reflexão, como uma presença inalienável, e cujo esforço todo consiste em reencontrar esse contato ingênuo com o mundo, para dar-lhe enfim um estatuto filosófico. É a ambição de uma filosofia que seja uma "ciência exata", mas é também um relato do espaço, do tempo, do mundo "vividos".

A confiança nos dados da experiência é o motor principal para o trabalho terapêutico por meio dos filmes, uma vez que exige do grupo capacidade de falar do impacto do observado, fazendo uso da descrição dos fenômenos percebidos, abrindo caminho à tomada de consciência e à consequente identificação das necessidades emergentes, das situações experimentadas em virtude do contato com o filme.

Na análise fílmica, o uso da interpretação dos dados da realidade do filme, das técnicas empregadas pelo diretor, dos simbolismos etc. quase que recria o observado, acrescentando dados que não estão acessíveis pela percepção direta. Por vezes, essa prática exige uma fé em questões tidas como "inconscientes", causas deterministas e uma compreensão que muitas vezes extrapola o óbvio. Ademais, no trabalho com populações com baixo grau de instrução pode mostrar-se ineficaz, pois nem todos dispõem de conhecimentos teóricos para estabelecer um debate ou até mesmo fazer uma análise detalhada no nível psicológico. Falar de si ainda é mais acessível do que emitir opiniões sobre os simbolismos, as técnicas de direção e as intenções (moral da história) apresentados pelos filmes.

Já no uso terapêutico do cinema, o convite à descrição das próprias sensações, intuições, percepções e fantasias suscitadas pelo contato com o filme desperta no espectador sua capacidade de utilizar-se dos próprios recursos para interagir com a atividade, sem necessitar esperar ouvir do psicólogo a "moral da história" e a "lição" que cada um supostamente "deveria ter" extraído da obra.

É, então, por meio da descrição que intencionamos conhecer a verdadeira natureza das coisas, pois o que é se revela à consciência como tal, sem subterfúgios, sem camuflagens. Aliás, é comum, numa análise fílmica, a tentativa de desvendar intenções codificadas do diretor em cada cena, em cada tomada, no uso das luzes etc. Tal situação é semelhante àquela em que um autor, questionado sobre o sentido de um de seus textos utilizado numa prova de vestibular, confessa atônito que, de todas as alternativas elencadas, nenhuma tinha que ver com sua intenção quando escreveu o texto e que, portanto, nem mesmo ele acertaria a questão daquela prova.

Muitas vezes, a análise fílmica introduz uma mística desnecessária, corrompendo o sentido maior do que foi feito no filme. Lembro-me da célebre frase de Gertrud Stein, citada por Perls (1979, p. 14): "Uma rosa é uma rosa, é uma rosa". Essa frase sintetiza o que penso ser o foco do trabalho terapêutico com o uso do filme: o que o autor do roteiro quis dizer já está "ali"; cumpre-nos perceber o que em nós é mobilizado por aquilo que "ali" está.

Nosso foco é sempre a compreensão da relação entre o sujeito emocionado e o objeto emocionante, uma vez que estão unidos e que a emoção é uma maneira de apreender o mundo (Sartre, 2007, p. 57).

O TRABALHO TERAPÊUTICO EM SI

Gostaria de descrever a proposta do trabalho terapêutico, uma vez que já discorri sobre sua distinção da análise fílmica. Passemos, então, ao "como se faz".

Primeiro, a proposta de assistir ao filme de uma forma nova deve ser verbalizada ao grupo, diferenciando-a do puro entretenimento. É importante ter um diálogo prévio com o grupo, para informá-lo da natureza do trabalho a ser realizado, pontuando que se trata de assistir ao filme percebendo o que se passa consigo enquanto vê a história, os momentos de maior emoção, enfim, tudo que ocorre enquanto se assiste à obra.

Esse diálogo prévio facilita o preparo dos participantes para aos poucos irem se desfazendo do convencional *falar sobre*.

Após o filme, iniciamos o diálogo sobre nossa experiência. É comum observarmos descrições sobre a história, que são feitas na terceira pessoa (ele[s], ela[s]), referindo-se apenas ao personagem principal ou aos demais personagens. No entanto, é imprescindível que o terapeuta retome o foco e peça ao participante que se refira à situação a partir de si, do que lhe ocorreu ao ver a cena, falando na primeira pessoa (eu), o que facilita a tomada de consciência de suas próprias vivências.

Às vezes, podemos variar a proposta, solicitando a todos os que forem fazer uso da fala que a iniciem com a frase "Assistindo ao filme, percebi que eu...".

Outra variação da proposta consiste em ampliar as percepções por meio de desenhos, pinturas, colagens, sempre fazendo referência a "o que me tocou ao assistir ao filme" e "como me sinto agora, após essa experiência".

Também é possível pedir a um ou mais participantes que deem continuidade a determinada cena que tenha chamado sua atenção, fazendo uma dramatização com o personagem mediante um experimento (cadeira vazia, *role-playing* etc.).

Em momentos nos quais um dos participantes passa a dividir experiências de grande mobilização emocional, é possível trabalhar com o grupo o acolhimento dessas emoções, primeiro ouvindo com atenção e respeito a experiência comum, depois contribuindo com encorajamento, aconselhamento e compartilhamento de experiências semelhantes e possibilidades de recuperação, usando inclusive da possibilidade apontada pelo filme, quando houver.

Na verdade, não há uma proposta única para o trabalho terapêutico com o uso de filmes, mas os desdobramentos requerem habilidade por parte do terapeuta para conduzir o grupo, mesclando uma prática ora mais diretiva, ora mais de escuta e intermediação de elementos. O que se faz é a construção de experimentos utilizando os conteúdos elencados pelo filme assistido.

As propostas de trabalho são tão diversas quanto a variedade de experiências possíveis, e elas dependem da criatividade e do bom-senso do terapeuta responsável por sua condução. O imprescindível é não perder o foco, retornando sempre à experiência pessoal de cada um com base na história apresentada pelo filme.

É mágico poder perceber quanto essas experiências contribuem para a expansão da autopercepção, da tomada de consciência, constituindo uma prática terapêutica e até mesmo profilática.

COMPARTILHANDO A EXPERIÊNCIA DO CINE-FÓRUM COM ADOLESCENTES EM CONFLITO COM A LEI

Gostaria, então, de compartilhar com o leitor algumas falas extraídas de trabalhos realizados com os adolescentes. Trata-se de sínteses de frases por eles escritas quando solicitado que redigissem suas percepções, finalizando os trabalhos propostos.

Importante frisar que as falas não são seguidas de abreviações dos nomes dos adolescentes nem de suas idades, para que fossem preservadas suas identidades. Além disso, alguns erros gramaticais e ortográficos foram mantidos para garantir a fidelidade das falas originais. Foram alterados apenas os erros que comprometeriam o sentido da frase.

Minha intenção é mostrar, ao menos um pouco, quanto a experiência do trabalho com os filmes é mobilizadora de toda sorte de emoções, residindo nisso a riqueza do uso desse recurso como ferramenta eficaz para o profissional de ajuda.

Filme – *Quem quer ser um milionário?*

A proposta apresentada após o diálogo e o trabalho terapêutico era de que eles registrassem uma frase respondendo à pergunta: "O que ainda é possível em minha vida?" Essa ideia partiu do próprio trabalho terapêutico, que explorou as diversas experiências dos adolescentes em sua vida delitiva e as possibilidades de que ainda desfrutavam para viver outro lado da história, a saber: fazer escolhas diferentes como as de Jamal (personagem principal), uma vez que as escolhas dos participantes, até então, tinham se assemelhado às de Salim (irmão de Jamal), o qual havia se envolvido com o crime.

O que ainda é possível em minha vida?

"O que eu quero pra mim não interessa a mais ninguém, a não ser eu mesmo. O que ainda é possível em minha vida, ainda vou descobrir. Digo isso porque não tenho que demonstrar nada a ninguém." (Anônimo)
(Mantida a assinatura de "Anônimo" por ter sido redigida pelo próprio adolescente e retomada em outro trabalho, o que nos apresentará a dimensão de suas percepções em dois momentos.)

"Rever a minha história. E fazer as coisas melhores daqui pra frente."

"Resgatar a minha vida da ilusão do crime. Ter uma nova vida, trazer tudo aquilo que não tive a oportunidade de mostrar a mim mesmo que sou capaz de conquistar, buscar aquilo que no decorrer a vida tem a me oferecer. Buscar, suportar e resgatar a minha família da bebida alcoólica. Dar a volta por cima, erguer a cabeça e falar que eu sou um guerreiro."

"É possível em minha vida inúmeras coisas, uma delas continuar os estudos, encontrar novos amigos, ter uma relação melhor ao lado da minha família, tudo de bom!"

"Tudo desde que eu queira. O que eu assisti foi quase igual a minha vida mas só que eu escolhi o caminho errado, mas eu tenho fé que posso mudar tudo."

> "É possível retomá-la e seguir o caminho que eu acho certo para mim. Parar para refletir sobre todos os erros que cometi em minha vida e que essa reflexão seja um exemplo para que eu possa fazer diferente daqui pra frente, construir minha família e passar para meus filhos as vitórias que eu tive na vida, para que eu possa ser um exemplo para eles."

Filme – *Invictus*

A proposta apresentada após o diálogo e o trabalho terapêutico era a de que eles pudessem sintetizar numa frase a percepção do que era liberdade, uma vez que o que mais lhes chamou a atenção foi a postura de Nelson Mandela (personagem principal) na condução de sua vida em liberdade, após 25 anos de reclusão. A segunda proposta foi eleger uma frase que sintetizasse e representasse a percepção do grupo sobre o sentido da liberdade.

Frases

> "Liberdade, fácil de perder, difícil de conquistar."

> "Liberdade, uma nova chance de fazer diferença."

> "Ser livre em hipótese alguma significa estar ausente de jaulas e sim estar autônomo de decisões e ações."

Frase síntese da percepção do grupo:

> "Liberdade para mim vai além do horizonte."

Importante pontuar que "horizonte" para eles era o que contemplavam todos os dias das grades de seus dormitórios, e que o fato de poder caminhar em sua direção fazia referência direta à liberdade. Como essa possibilidade estava restringida no momento da frase, esta era muito significativa para o grupo na compreensão de sua vivência e do sentido da privação de liberdade. Dessa forma, em diálogo os adolescentes compartilharam que liberdade era poder caminhar em direção ao horizonte, com vontade tão intensa quanto o desejo de estar além dele.

Filme – *Diário de uma louca*

A proposta era a de redigir, como se fosse num diário, uma frase do filme que os fez compreender algum aspecto de sua vida.

> "Ser egoísta não vai me levar a nada, o dinheiro não compra o amor."

> "Antes de perdoar alguém, reflita e perdoe-se."

> "Uma pessoa só está mudada quando ela tem a chance de se vingar e não se vinga."

Filme – *De porta em porta*

A proposta, após o diálogo, era a de comentar uma característica pessoal que dificulta seu desempenho social, com base em Bill Porter (personagem principal), que encontrou alguns obstáculos para ser aceito na sociedade, devido a certos traços pessoais.

> "Ter sido menor infrator na mente da justiça, mas em minha mente mais um erro que pode ser arrumado."

> "Diante de algumas situações banais eu fico muito bravo e acabo fazendo besteira."

"Tenho vergonha de estar com pessoas acima de mim."

"Vergonha, mas eu posso superar com o tempo, se o Bill superou eu também posso superar."

Com o tempo, a intimidade com o recurso e com a forma de trabalhar propiciou maior desenvoltura aos adolescentes, os quais passaram a explorar mais o conteúdo emocional de suas percepções, dando mostras de maior acesso aos seus conteúdos mobilizados pelo filme e maior tomada de consciência sobre suas próprias vivências.

A respeito desse aspecto, o filme ***Preciosa – Uma história de esperança*** e o trabalho resultante dele oferecem uma dimensão mais aprofundada dos efeitos do trabalho terapêutico com o uso dos filmes. Para mim, tratou-se da experiência mais marcante nesse trabalho, que fez emergir diversos conflitos pessoais e a percepção ampliada conquistada nesse projeto, garantindo a sensação de ter auxiliado os adolescentes a tomar consciência de suas emoções e das reações a elas. Além disso, poder conhecer suas atitudes, com o peso de suas histórias e escolhas, ofereceu a cada um desses garotos a possibilidade de colocar-se no centro de sua vida, com compreensão das responsabilidades que ela exige. Foi gratificante poder ouvir as falas que se seguem.

"Hoje onde me encontro, consigo perceber qualquer ato de maldade em minha família, não como eu vi no filme, mas algumas dificuldades que a minha família tem. Assistindo ao filme senti a tristeza daquela menina ao gerar dois filhos, por conta de relações sexuais indesejáveis com seu próprio pai e ainda rejeitada por sua própria mãe que não se preocupava ao ver sua filha sendo violentada por seu marido. Infelizmente é a realidade que temos que enfrentar no dia a dia e por isso temos que estar sempre à espera de algo parecido. É um sentimento inexplicável."

"É muito estranho falar o que eu senti, porque o filme é meio louco. Não sei se eu senti pena ou raiva. É um dos filmes mais desgraçados que já vi. E também nos faz lembrar que isso existe também na vida real e que é muito triste, e infelizmente não enxergamos e, quando presenciamos, às vezes não fazemos nada. Milhares de crianças são maltratadas por creches, ou até mesmo pelos próprios pais, isso é chocante. Eu não tenho filho, e não sei se terei porque hoje não tenho condições de criar um filho, não quero sair com meu filho e ele dizer: pai me compra tal coisa? E eu ter que falar que não tenho dinheiro porque isso seria muito doloroso para o meu coração. Por isso que se eu fosse ter um filho ia ter um planejamento antes. Se acontecesse eu cuidaria da melhor forma que um pai que ama o filho poderia cuidar. E eu como pai, se alguém bater em meu filho como vejo na TV ou acontece nessas creches por aí, pagariam muito caro por isso." (Mesmo adolescente que assinou "Anônimo" na primeira frase.)

"Em ambas as partes eu pude sentir na pele a rejeição. E pude perceber o quanto é sofrido esse tipo de família. Esse filme mexe muito com o sentimento das pessoas e também mexeu comigo, pois esse é um filme de superação. Penso em não magoar para não ser magoado, foi muito triste, mas no final de tudo a mãe fez o que eu não imaginava que ela faria para a filha, pediu desculpas, e hoje em dia é difícil ver o amor nas pessoas. O mundo está cada vez mais violento e discriminado. Eu aprendi muitas coisas para fazer diferente do que foi feito nesse filme. Mudar é recomeçar."

"Eu me senti muito mal, ao ver pelo que Preciosa passava na escola e na sua casa. Um sentimento de ódio e raiva pelo abuso que ela sofreu, do próprio pai, o desprezo que a mãe tinha por ela, pelo

> constrangimento que ela passava pela obesidade, quando a gente aprende a se colocar no lugar das pessoas e analisamos de outro ângulo, podemos ver do que é capaz um ser humano e que a mudança existe, basta querermos. Aprendi a dar valor na família maravilhosa que tenho, e nos mais simples gestos que fazem eu e você feliz de uma forma que dinheiro algum pode comprar."

Cada frase dessas, quando explorada com o autor, revela quanto de seus dilemas e histórico pessoal está contido em cada linha do que escreve. É como se suas falas e suas percepções fizessem recortes de sua própria vida e da história de seus processos e tentativas de sobrevivência, de resistência; afinal, toda "resistência é um processo natural a todo organismo, pois todo corpo que não resiste, morre" (Ribeiro, 2007, p. 73).

FINALIZANDO

Gostaria de recapitular um pouco de tudo que foi dito aqui. Este capítulo, mais do que uma explanação teórica sobre o trabalho terapêutico com uso de filmes, consiste no desejo de compartilhar com os profissionais de ajuda esse poderoso recurso, o qual facilita o acesso à tomada de consciência por parte de nossos clientes, além de ser uma ferramenta importante para o trabalho com diferentes grupos, principalmente nos serviços psicológicos de setores públicos.

Vale ressaltar a grande diferença entre o trabalho terapêutico com o uso de filmes e a análise fílmica, na interface do cinema com a psicologia. Tal diferença é fundamental por demarcar duas dimensões de trabalho com filmes completamente distintas: o trabalho do psicólogo que interpreta o filme e as intenções do diretor, traduzindo o conteúdo para os participantes e encorajando-os a se mobilizar de alguma forma; o trabalho do terapeuta que questiona com os participantes as percepções, os *insights*, as angústias mobilizadas pelo filme, a alteração de suas compreensões após a experiência.

A proposta terapêutica possui um chamamento à interação direta com os conteúdos pessoais, com os recursos individuais para enfrentamento de problemas que a análise fílmica não contempla. Diríamos que a análise fílmica é mobilizadora do intelecto, ao passo que o trabalho terapêutico com o uso de filmes é mobilizador da consciência emocionada, aquela consciência que aflora no indivíduo o desejo de se expressar, de estabelecer contato com o mundo por meio de seus sentimentos, de reviver situações inacabadas promovendo o fechamento de *Gestalten* etc.

A arte interpretada deixa de ser arte e migra para o campo do conhecimento e do racionalismo. A arte é para ser sentida com o corpo e percebida em função de seu impacto em nós; nisso consiste a riqueza desse trabalho.

A análise fílmica é um falar sobre. O trabalho terapêutico é um chamado à ampliação da consciência de si, um chamado a explorar o olhar de quem contempla, pois "o olhar de quem contempla completa a obra" (Ribeiro, 2007, comunicação pessoal).

Nesse ínterim, a função do psicólogo seria resgatar o foco do indivíduo sobre si mesmo e sobre o mundo, observando as distorções da percepção, as interrupções do contato. Em última análise, caberia ao psicólogo promover uma reconfiguração do olhar do cliente, percebendo de onde ele parte e como ele apreende o mundo, pois o olhar de cada um carrega em si a história de sua autorregulação, de seus ajustamentos e desajustamentos, seus dramas, suas alegrias, sua obra de arte em processo de feitura. Ensinar a olhar, ver, contemplar e perscrutar o mundo à nossa volta faz parte da tarefa do psicólogo; e essa dimensão de nossa tarefa tem no trabalho terapêutico com o uso dos filmes um grande aliado.

Para finalizar, gostaria de reafirmar que este trabalho emerge de um fundo, que é a Gestalt-terapia, e nisso consiste o brilho especial do qual desfruta. Sem essa visão de pessoa e de mundo e sem a riqueza de experimentos de que dispõe a GT, não seria possível lograr êxito nessa tarefa. Sou grato a esse olhar que um dia aprendi com os grandes mestres dessa abordagem que, de forma maravilhosa, perfazem meu caminho e fazer terapêutico, a ponto de me mostrar que a psicologia é tributária da vida – apenas buscando um ponto de convergência entre ambas é que estamos em processo de mudança e de cura. Gestalt-terapia, o resgate da consciência e da fluidez imprescindíveis à vida e à psicologia, pois toda estagnação denuncia uma tendência para a morte, quer seja de nossos corpos, quer seja de nosso papel como profissionais, e esta última não sem o prejuízo daqueles que estão sob nossos cuidados.

A jornada da vida exige de nós a compreensão de que viver é o resultado de todos os processos que nos afetam ao longo do tempo e do espaço vividos (alienações, tomada de consciência, possibilidades, impossibilidades etc) e que estes processos são, antes de tudo, sentidos e percebidos em nossos corpos. Somos o ponto de partida e de chegada de nós mesmos, numa dança constante com o mundo que somos e do qual fazemos parte pela nossa presença.

> E voltei daquela viagem com uma forte vontade de viver. Não para agradar ninguém, mas finalmente por mim mesmo. O estado de espírito existencial de estar "condenado à vida" transformou-se em "abençoado com a vida". (Perls, 1979, p. 202)

INDICAÇÕES DE FILMES

Seguem indicações de alguns dos filmes que utilizei. Essa lista é curta e inclui também documentários. Ela está em processo; outros filmes poderão ser incluídos de acordo com o contexto e o conhecimento de cada profissional. Em geral, dramas têm um efeito muito catalisador das emoções, uma vez que eles são sempre um recorte da realidade tal como ela é. É claro que não usamos apenas os dramas; animações também apresentam temáticas interessantes, principalmente para o trabalho com crianças e adolescentes. Sua linguagem metafórica é, de igual modo, rica e diversa.

O contador de histórias. Diretor: Luiz Villaça. Brasil, 2009. (100 min) Gênero: Drama. Classificação: 14 anos.

Conversando com Deus. Direção: Stephen Deutsch. EUA, 2006. (110 min) Gênero: Drama. Classificação: Livre.

Crianças invisíveis. Direção: Mehdi Charef, Emir Kusturica, Spike Lee, Kátia Lund, Jordan Scott, Ridley Scott, Stefano Veneruso, John Woo. Itália, 2005. (119 min) Gênero: Drama. Classificação: 12 anos.

Diário de uma louca. Direção: Darren Grant. EUA, 2005. (116 min) Gênero: Comédia dramática. Classificação: 12 anos.

Estamira. Direção: Marcos Prado. Brasil, 2004. (127 min) Gênero: Documentário. Classificação: 10 anos.

Eu Cristhiane F., 13 anos, drogada e prostituída. Direção: Uli Edel. Alemanha, 1981. (138 min) Gênero: Drama. Classificação: 18 anos.

Hair. Direção: Milos Forman. EUA, 1979. (121 min) Gênero: Musical. Classificação: 16 anos.

Happy feet. Direção: George Miller. Austrália/ EUA, 2006. (108 min) Gênero: Animação. Classificação: Livre.

Infância roubada. Direção: Gavin Hood. Reino Unido/África do Sul, 2005. (94 min) Gênero: Drama. Classificação: 14 anos.

Invictus. Direção: Clint Eastwood. EUA, 2009. (134 min) Gênero: Drama. Classificação: 10 anos.

Kung-fu Panda. Direção: Mark Osborne, John Stevenson. EUA, 2008. (90 min) Gênero: Animação. Classificação: Livre.

Na natureza selvagem. Direção: Sean Penn. EUA, 2007. (140 min) Gênero: Drama. Classificação: 12 anos.

Nascidos em bordéis. Direção: Zana Briski, Ross Kauffman. EUA/Índia, 2004. (85 min) Gênero: Documentário. Classificação: N/D.

Nós que aqui estamos por vós esperamos. Direção: Marcelo Masagão. Brasil, 1999. (73 min) Gênero: Documentário. Classificação: N/D.

A partida. Direção: Yôjirô Takita. Japão, 2008. (130 min) Gênero: Drama. Classificação: Livre.

Pequena Miss Sunshine. Direção: Jonathan Dayton, Valerie Faris. EUA, 2006. (101 min) Gênero: Comédia dramática. Classificação: 14 anos.

De porta em porta. Direção: Steven Schachter. EUA/Canadá, 2002. (91 min) Gênero: Drama. Classificação: 12 anos.

Preciosa – Uma história de esperança. Direção: Lee Daniels. EUA, 2009. (110 min) Gênero: Drama. Classificação: 12 anos.

Quem quer ser um milionário? Direção: Danny Boyle, Loveleen Tandan. Reino Unido, 2008. (120 min) Gênero: Drama. Classificação: 16 anos.

Sete anos no Tibet. Direção: Jean-Jacques Annaud. EUA, 1997. (136 min) Gênero: Aventura. Classificação: 14 anos.

O Show de Truman – O show da vida. Direção: Peter Weir. EUA, 1998. (102 min) Gênero: Drama. Classificação: Livre.

Tudo sobre minha mãe. Direção: Pedro Almodóvar. Espanha, 1999. (99 min) Gênero: Drama. Classificação: 14 anos.

Up – Altas aventuras. Direção: Pete Docter. EUA, 2008. (96 min) Gênero: Animação. Classificação: Livre.

A vida secreta das abelhas. Direção: Gina Prince-Bythewood. EUA, 2008. (114 min) Gênero: Drama. Classificação: Livre.

Volver. Direção: Pedro Almodóvar. Espanha, 2006. (121 min) Gênero: Comédia dramática. Classificação: 14 anos.

REFERÊNCIAS BIBLIOGRÁFICAS

Merleau-Ponty, M. *Fenomenologia da percepção*. Trad. C. A. R. de Moura. São Paulo: Martins Fontes, 1994.

Perls, F. S. *Escarafunchando Fritz: dentro e fora da lata de lixo*. São Paulo: Summus, 1979.

Ribeiro, J. P. "A resistência olha a resistência". *Psicologia: Teoria e Pesquisa*, Brasília, v. 23, n. especial, 2007. Disponível em: <http://www.scielo.br/scielo.php?script=sci_arttext&pid=S0102-37722007000500014&lng=en&nrm=iso>. Acesso em: 13/12/2011.

Rodrigues, H. E. *Introdução à Gestalt-terapia: conversando sobre os fundamentos da abordagem gestáltica.* 6. ed. Petrópolis: Vozes, 2009.

Sartre, J.-P. *Esboço para uma teoria das emoções.* Trad. Paulo Neves. Porto Alegre: L&PM, 2007.

Yontef, G. M. *Processo, diálogo e awareness – Ensaios em Gestalt-terapia*. São Paulo: Summus, 1998.

AGRADECIMENTOS

Aos meus pais pelo constante incentivo aos estudos.

Aos meus mestres, meus colegas de Gestalt-terapia, meu grupo de referência, que continuam a enriquecer meu caminho profissional.

Aos meus atuais e ex-alunos, que me motivam a buscar novos conhecimentos.

Aos meus colegas, que aceitaram este desafio com competência e determinação.

Ao Onésimo, presença amorosa em minha vida.

OS AUTORES

ANA MARIA MIRABELLA

Psicóloga, psicoterapeuta e supervisora, com especialização em Gestat-terapia pelo Instituto Sedes Sapientiae e em Análise do Existir pela Sobraphe. Psicoterapeuta em consultório particular com atendimento a crianças, adolescentes, adultos e casais. Professora e supervisora do curso de Gestalt-terapia do Instituto Sedes Sapientiae por 16 anos. Psicóloga do Núcleo de Prevenção e Atenção à Saúde (Naps) da Unimed São Carlos.

- e-mail: ammirabella@terra.com.br

LIA PINHEIRO

Psicóloga pela Universidade Paulista, com especialização em Abordagem Gestáltica em Psicoterapia pelo Instituto Sedes Sapientiae. Mestre em Psicologia da Educação pela Pontifícia Universidade Católica de São Paulo. Atualmente, além de atuar como Gestalt-terapeuta, é professora do curso de graduação em Psicologia da Universidade Paulista (Unip) e do Centro Universitário das Faculdades Metropolitanas Unidas (UniFMU). Coordenadora e supervisora do programa *Dá pra atender?*, na Casa do Adolescente de Pinheiros – Secretaria Estadual de Saúde de São Paulo. Membro da Comissão Científica do Programa Saúde do Adolescente – Secretaria Estadual de Saúde de São Paulo.

- e-mail: pinli@bol.com.br

LUIZ LILIENTHAL

Graduado em Psicologia pela Universidade de São Paulo. Cofundador e coordenador do Instituto Gestalt de São Paulo. Especialista em Psicologia Clínica e Escolar pelo CRP 06. Especialista em Gestalt-terapia pelo Instituto Sedes Sapientiae. Fez um estágio em Gestaltpedagogia na "Hochschule der Künste", em Berlim, sob a orientação do dr. Olaf-Axel Burow, e curso de aperfeiçoamento em Gestalt-terapia com o dr. Jerry Kogan pelo Gestalt Education Network International (Geni). Mestre e doutor em Psicologia pela Universidade de São Paulo, é professor universitário dedicado há anos ao estudo da Gestaltpedagogia. Atua também em psicoterapia, orientação profissional e plantão psicológico, ministrando essas disciplinas em cursos de graduação em Psicologia. Presta, também, assessoria a empresas.

- e-mail: luiz@gestaltsp.com.br

MARIA ESTELA BENEDETTI ZANINI

É graduada em Ciências Biológicas pelo Instituto de Biociências da Universidade de São Paulo (USP). Especialista em Dependência Química pela Unifesp. Professora e coordenadora do Programa de Prevenção às Drogas e Educação Sexual do Colégio Bandeirantes – São Paulo.

- e-mail: estela@colband.com.br

MYRIAN BOVE FERNANDES

Especialista em Psicologia Clínica, graduada pela PUC-SP (1970) e formada em Gestalt-terapia em 1981, pelo Instituto Sedes Sapientiae, onde lecionou nos cursos de Gestalt-terapia (1982-1994) e Arteterapia (1995-2005). É cofundadora, coordenadora e docente do Instituto Gestalt de São Paulo (IGSP). Foi editora da *Revista de Gestalt* por dez anos; atualmente, é editora da revista *Sampa GT* do

IGSP. Ao longo dos anos, vem estudando a Gestalt-terapia com crianças e divulgando a abordagem gestáltica no Brasil e no exterior. Coautora do livro *A clínica gestáltica com crianças – Caminhos de crescimento* (Summus).

• e-mail: myrianbove@uol.com.br

RAFAEL RENATO DOS SANTOS

É graduado em Psicologia pela Universidade de Marília (Unimar), com especialização em Gestalt-terapia pelo Dasein: Grupo de Apoio „ Formação Terapêutica (Marília-SP). Trabalhou como psicólogo na Fundação CASA (Centro de Atendimento Socioeducativo ao Adolescente). Atualmente está no Centro de Referência Especializado da Assistência Social (Creas – Itapetininga-SP), atuando diretamente com Medidas Socioeducativas em Meio Aberto. Também trabalha como psicólogo em clínica particular.

• e-mail: rafaelfreud@hotmail.com

ROSANA ZANELLA

Graduada em Psicologia pela Universidade Paulista, é mestre em Psicologia da Saúde pela Universidade Metodista de São Paulo e especialista em Psicologia Clínica pelo CRP 06 e em Gestalt-terapia pelo Instituto Sedes Sapientiae. Atualmente, é professora do Centro Universitário das Faculdades Metropolitanas Unidas (UniFMU) e do curso de especialização em Gestalt-terapia do Instituto Sedes Sapientiae. Realiza atendimento clínico de crianças, adolescentes e adultos com base na Gestalt-terapia. Ministra o curso "Brincadeira é coisa séria – Atendimento de crianças em Gestalt-terapia". Editora da *Revista de Gestalt* do Instituto Sedes Sapientiae. Coautora do livro *A clínica gestáltica com crianças – Caminhos de crescimento* (Summus).

• e-mail: r.zanella@uol.com.br

SHEILA ANTONY

Especialista em Psicologia Clínica com formação em Gestalt-terapia e mestre em Psicologia pela Universidade de Brasília (UnB). É psicóloga clínica da Secretaria de Estado de Saúde do Distrito Federal (SES-DF), sediada no Centro de Orientação Médico-Psicopedagógico (COMPP), onde coordena o setor de psicologia. Também é membro fundador do Instituto de Gestalt-terapia de Brasília, no qual atua como docente, orientadora de TCC e supervisora clínica. Ministra o curso "Gestalt-terapia com crianças: a teoria e a arte do gestalt-terapeuta". Organizadora do livro *A clínica gestáltica com crianças – Caminhos de crescimento* (Summus).

• e-mail: sheilaantony@yahoo.com.br

leia também

A CLÍNICA GESTÁLTICA COM CRIANÇAS
Caminhos de crescimento
Sheila Antony (org.)

Partindo do pressuposto de que a infância é o período ideal para trabalhar problemas e conflitos, os autores desta obra expõem sua forma de usar a Gestalt-terapia para acolher as crianças. Entre os temas discutidos estão: a necessidade de ser mais flexível e de aprender junto com o paciente; a realidade das crianças que vivem em orfanatos/abrigos; e a importância de ter a família como aliada.

REF. 10660 ISBN 978-85-323-0660-9

CLÍNICAS GESTÁLTICAS
Sentido ético, político e antropológico da teoria do self
Marcos José Müller-Granzotto e Rosane Lorena Müller-Granzotto

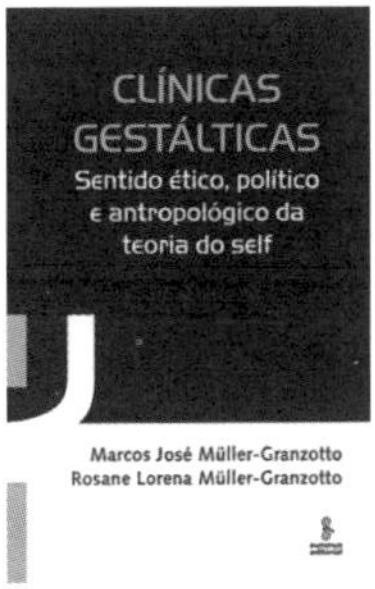

Esta obra faz uma leitura ética, política e antropológica da teoria de base da Gestalt-terapia. Aborda, ainda, as diferentes vulnerabilidades que ensejaram o desenvolvimento de estratégias de intervenção psicossocial conhecidas como clínicas gestálticas: neurose, perversão, banalidade, psicose e sofrimento.

REF. 10800 ISBN 978-85-323-0800-9

DICIONÁRIO DE GESTALT-TERAPIA
Gestaltês edição revista e ampliada
Gladys D'Acri, Patrícia Lima e Sheila Orgler (orgs.)

Nesta obra de referência, autores de várias tendências e com diversos olhares apresentam os principais conceitos da Gestalt-terapia, mantendo-se fiéis à conceituação dos fundadores dessa abordagem e oferecendo ao leitor informações relativas à evolução de cada termo na contemporaneidade. Para estudantes e profissionais.

REF. 10821 ISBN 978-85-323-0821-4

Grupo Summus
www.gruposummus.com.br
www.gruposummus.com.br
Acesse, conheça o nosso catálogo e cadastre-se para receber informações sobre os lançamentos.